AQA German
Grammar & Translation Workbook

A LEVEL AND AS

Dagmar Sauer

OXFORD
UNIVERSITY PRESS

Great Clarendon Street, Oxford, OX2 6DP, United Kingdom

Oxford University Press is a department of the University of Oxford. It furthers the University's objective of excellence in research, scholarship, and education by publishing worldwide. Oxford is a registered trade mark of Oxford University Press in the UK and in certain other countries.

British Library Cataloguing in Publication Data

Data available

978-0-19-841554-1

10

Paper used in the production of this book is a natural, recyclable product made from wood grown in sustainable forests.

The manufacturing process conforms to the environmental regulations of the country of origin.

Printed in India by Manipal Technologies Limited

Cover photograph: LOOK Die Bildagentur der Fotografen GmbH/Alamy Stock Photo

Illustrations: Aptara

Contents

Introduction

Grammar and translation in the AQA exams

Each of the papers in the AS and A Level exams will measure your ability to manipulate language accurately, using a range of structures, with a specific mark awarded for quality of language. A sound grasp of the grammar points that appear in the specification lists is therefore essential.

For the AS exam you will need to be able to translate 70 words from German into English and from English into German, with content based on the specification themes and sub-themes. For A Level this will be 100 words.

How to use this book

The grammar transition section at the start of this book will help you bridge the gap between GCSE and AS/A Level, or refresh the basics at the start of A Level Year 2. There may be particular areas where you are lacking confidence or which you wish to revise.

The remainder of the book is divided into four sections, with the order of grammar points generally reflecting the order in which they are covered in OUP's AQA German AS/A Level Year 1 and A Level Year 2 Student Books. This is to allow students who are using these books to practise as they go along, reinforcing what has been learnt in the classroom with further activities at home. Alternatively you may wish to focus on areas of particular difficulty or work through a particular section as part of your revision plan.

Grammar practice

Each page in this section focuses on a specific grammar point, some of which are returned to and developed throughout the book. Different activities will test your ability to recognise and to apply particular rules and structures, with grammar and tip boxes to help you.

Mixed practice

Once you've covered all the grammar points in one section, you're ready for the mixed practice activities. These allow you to practise the grammar points you've been working on without additional guidance, preparing you to apply the structures confidently and fluently in the exams.

Translation practice

Each section ends with four pages of translation practice, divided into two pages of German to English translation, and two pages of English to German translation. The first page of each pair practises translating short phrases and expressions, with additional hints and tips. The second page features three passages to translate, each between 70 and 100 words. The vocabulary and themes covered are based around the AS specification, with some inclusion of A Level Year 2 themes for the 100-word passages.

Additional features

⊡ Grammatik	**✓ Tipp**
Grammar boxes offer a concise explanation of the point being covered.	Tip boxes offer extra 'handy hints' for tackling different questions, for remembering particular rules and for approaching translation activities.

⭐ Activities marked with a star cover grammar you may be expected to produce in an exam at A Level Year 2 only.

R Activities marked with an R indicate grammar that you may need to recognise in the exam but you won't be expected to produce.

Verb tables and correct answers are supplied at the back of the book.

🔲 Grammatik

When talking to a friend, family member or someone of a similar age use the informal *du*.

When talking to two or more people that you would say *du* to, use *ihr*.

When talking to a person or people you do not know well or people in a position of authority, use the formal *Sie*.

The words *ich, du, er, sie, es, wir, ihr, Sie/sie* are called personal pronouns. They change depending on whether they are the subject or object in a sentence. This is similar to English when 'I' becomes 'me' or 'she' changes to 'her'.

nominative case (subject)	accusative case, as in: *Ich liebe …*	dative case, as in: *Ich gebe …*
ich	mich	mir
du	dich	dir
er	ihn	ihm
sie	sie	ihr
es	es	ihm
wir	uns	uns
ihr	euch	euch
Sie/sie	Sie/ sie	Ihnen/ihnen

1 **Find the correct translation of the following sentences and fill in the personal pronouns. State whether they are the nominative (N), accusative (A) or dative (D) forms.**

a _____ sah _____ gestern in der Stadt.

b _____ gab _____ sein Handy.

c _____ haben es _____ geschenkt.

d Gefällt _____ _____ nicht?

e _____ trifft _____ im Park.

i We gave it to them as a present.

ii She meets you *(plural, informal)* in the park.

iii He gave her his mobile.

iv I saw you *(singular, informal)* in town yesterday.

v Don't you *(singular, informal)* like it?

2 **Replace the underlined words with the appropriate personal pronouns. Write your answers in the space provided.**

a Meine Schwester und ich gehen jedes Wochenende mit Freunden Tennis spielen. _____

b Tom hat einen älteren Bruder, aber ich habe den Bruder schon lange nicht mehr gesehen. Ich weiß auch nicht, wie es dem Bruder geht und wo der Bruder jetzt wohnt. _____, _____, _____

c Meine Eltern arbeiten beide am Wochenende, weil meine Eltern ein Restaurant haben. Das Restaurant liegt in der Stadtmitte und ist sehr beliebt. _____, _____

d „Hallo Marco und Anja. Vergesst nicht, dass ich Marco und Anja heute Abend treffe!" _____

e Meine beste Freundin heißt Katya. Ich sehe Katya jeden Tag, da ich immer mit Katya in die Schule laufe. _____, _____

✅ Tipp

When translating from English into German remember that all nouns have a gender. *Tisch* is masculine, so if you want to say "It is old and I bought it ten years ago" (it = the table) you have to translate this as: ***Er** ist alt und ich habe **ihn** vor zehn Jahren gekauft.*

3 **Fill in the gaps with the correct personal pronoun. Check carefully whether it is the nominative, accusative or dative form you need. Remember that the verb ending can also tell you which pronoun to use.**

a Wie oft besuchst _____ deine Schwester?

b Tom und Sabine, hier sind eure Bücher. Wollt _____ _____ mitnehmen?

c Guten Tag, Frau Müller, ich habe _____ schon lange nicht mehr gesehen. Wie geht es _____?

d Gib mir bitte diesen Pulli. _____ gehört meiner Schwester.

e Susi, dein Bruder ist in der Stadt. Wir treffen _____ dort in einer Stunde.

1 Complete these sentences using the present tense of the verbs in brackets.

a   Meine kleine Schwester _____

_____ immer samstags. (*sich duschen*)

b   Ihr _____ zu viel _____ .
(*fernsehen*)

c   Ich _____ jeden Morgen eine Brezel zum Frühstück.
(*essen*)

d   Meine Freunde _____

_____ auch für Politik. (*sich interessieren*)

e   _____ du ein Fan von Frauenfußball? (*sein*)

f   Jedes Jahr _____ meine Familie in den
Sommerferien nach Österreich. (*fahren*)

g   Wohin _____ Sie, Frau Müller? (*gehen*)

2 Complete the table with the present tense of these verbs. Look up the English meaning in a dictionary or verb table if you are not sure.

German verb	sich ändern	fallen	schreiben	lesen
English translation				
ich			schreibe	
du		fällst		
er/sie/es				liest
wir				
ihr	ändert euch			
Sie/sie				

3 Translate the following short sentences into German. If you are not sure about the infinitive forms of the verbs, unjumble the words in the box below.

a   My friends and I listen to music. _____

b   Where do you *(singular, informal)* live? _____

c   He takes a piece of cake. _____

d   She is driving to work. _____

e   There are no holidays. _____

f   How much do the books cost? _____

g   Are you *(plural, informal)* at home? _____

neröh henwon mehnne efharn nebge tesnko nise

Grammatik

Present tense of regular verbs

The present tense of regular verbs is formed with the following endings: *ich wohne, du wohnst, er/sie/es wohnt, wir wohnen, ihr wohnt, Sie/sie wohnen*.

Note: verbs with a stem ending in *t* or *d*, and certain other combinations of consonants, add an *e* before the verb ending in the *du, er/sie/es* and *ihr* forms: *arbeiten → du arbeitest.*

Reflexive verbs need a reflexive pronoun.

sich interessieren to be interested

ich interessiere mich
du interessierst dich
er/sie/es interessiert sich
wir interessieren uns
ihr interessiert euch
Sie/sie interessieren sich

Grammatik

Present tense of irregular verbs

Irregular verbs have the same endings as regular verbs but there is often a change of vowel in the *du* and *er/sie/es* forms:

fernsehen → du siehst fern, er sieht fern
geben → du gibst, sie gibt
nehmen → du nimmst, es nimmt
fahren → du fährst, man fährt
tragen → du trägst, er trägt

The verb *sein* is irregular in all forms: *ich bin, du bist, er/sie/es ist, wir sind, ihr seid, Sie/sie sind*.

Tipp

The present tense in German is used to describe what is happening now or what happens on a regular basis. It is easier than in English, as there is only one form. Just be careful when translating from German into English or the other way round: *Ich gehe* means 'I go' as well as 'I am going'.

1a Unjumble the sentences into the correct word order. Start with the word that is underlined.

a <u>Meine</u> Familie die letzten Weihnachtsferien verbracht in den Alpen hat .

_____

_____

b habt <u>Gestern</u> keine ihr gemacht Hausaufgaben .

_____

c mit meiner Freundin heute gegangen <u>Ich</u> einkaufen bin Morgen .

_____

_____

d zehn Minuten <u>Ist</u> später Zug abgefahren der ?

_____

1b Check your answers and look at the position of the verb in the perfect tense in each sentence. Can you come up with any rules?

_____

_____

2 Fill in the gaps with the correct form of the perfect tense, using the verbs in the box below.

a Mein Bruder _____ vor drei Jahren eine Amerikanerin

_____ .

b Nach der Hochzeit _____ sie für vierzehn Tage nach

Kanada _____ .

c Dort _____ sie viel mit dem Zug

_____ , aber auch _____ .

d In der letzten Woche _____ sie ihre Freunde in Toronto

_____ .

e Ich _____ mich echt _____ .

Sie _____ mir ganz tolle Souvenirs

_____ .

> freuen fahren besuchen heiraten wandern fliegen mitbringen

3 Translate these sentences into German using the perfect tense.

a Last weekend they bought two tickets for the cinema.

_____

_____

b Where did you (singular, informal) play tennis yesterday?

_____

c She has not written the letter yet. (not … yet = noch nicht)

_____

d They went to town this afternoon and they are still there. (still = immer noch)

_____

_____

e I woke up at ten o'clock.

_____

f He has taken his breakfast to school this morning.

_____

Grammatik

The perfect tense is used to refer to the past in written and spoken language. *Ich habe … gemacht* can be translated as 'I did', 'I have done' or 'I was doing'.

Most verbs form the perfect tense with the auxiliary verb *haben* and the past participle of the verb:

kaufen → ich **habe** … **ge**kauf*t*

Verbs expressing a change in state or motion use the auxiliary verb *sein*.

wachsen → er **ist ge**wachs*en*

Grammatik

The formation of past participles

The past participle of **regular verbs** is formed using the stem of the verb with the prefix *ge-* and the ending *-t*.

machen → **ge**mach*t*

The past participle of most **irregular verbs** is formed using the prefix *ge-* and the ending *-en*, usually with a vowel change.

essen → **ge**gess*en*

trinken → **ge**trunk*en*

Some irregular verbs have the ending *-t*.

bringen → **ge**brach*t*

Tipp

Verbs beginning with an inseparable prefix like *be-, ver-, mis-*, or ending in *-ieren*, do not use the prefix *ge-* in the past participle.

besuchen → du **hast** … **be**sucht

verdienen → sie **hat** … **ver**dient

protest**ieren** → du **hast** protest**iert**

With separable verbs *ge-* comes after the separable prefix:

einkaufen → sie **haben** ein**ge**kauft

1 **Complete these sentences with the correct imperfect form of the verb(s) in brackets.**

a Letztes Jahr _____ Alice in Freiburg, weil sie dort ein Praktikum _____ . (*wohnen*, *machen*)

b Wo _____ du für dein Praktikum? _____ es viel zu tun? (*sein*, *geben*)

c Ich _____ nichts über die Firma, aber ich _____ schnell ziemlich viel. (*wissen*, *lernen*)

d Am letzten Tag _____ zwei Kolleginnen einen Marmorkuchen mit. (*bringen*)

2 **Rewrite these sentences in the imperfect tense.**

a Meine Schwester hört ziemlich viel Musik und sie spielt auch Gitarre in einer Band.

Meine Schwester _____

_____

b Sie trinken jeden Morgen um 9 Uhr eine Tasse Kaffee, bevor sie zur Arbeit gehen.

Sie _____

_____

c Im Sommer fahren wir nach Berlin und besuchen viele Sehenswürdigkeiten. Wir bleiben eine Woche.

Letzten Sommer _____

_____

d Er denkt nicht an seine Zukunft und interessiert sich für nichts.

Er _____

✅ Tipp

Like the present and perfect tense, the imperfect tense in German can convey different types of expression. *Ich machte* can mean 'I was doing' or 'I did'. It can also mean 'I used to', especially if the context implies a habitual action in the past at a certain time.

3 **Translate these sentences using the imperfect tense.**

a I was very tired on Monday morning.

_____

b She was reading an article about the new film.

_____

c My brother always needed a lot of time for his homework.

_____

_____

d They used to drive to London in an old car every weekend.

_____

_____

⚡ Grammatik

The imperfect tense, sometimes called simple past, can be used in spoken and written language to describe an event in the past. However, it tends to be used more commonly in formal writing such as essays or newspaper articles. The difference between imperfect and perfect tense therefore depends largely on style and context.

Modal verbs as well as the following verbs tend always to be used in the imperfect rather than the perfect tense.

haben → ich hatte

sein → du warst

geben → es gab

Other verbs which are often used in the imperfect are *denken*, *glauben*, *wissen* and *brauchen*.

⚡ Grammatik

To form the imperfect of **regular verbs**, take the stem and add the following endings:

lachen

*ich lach**te***	*wir lach**ten***
*du lach**test***	*ihr lach**tet***
*er/sie/es lach**te***	*Sie/sie lach**ten***

Remember: verbs with a stem ending in a consonant like *t* or *d* add an *e* before the ending

*arbeiten → ich arbeit**e**te*

*regnen → es regn**e**te*

Irregular verbs usually have a vowel change and the imperfect form needs to be learnt. It is followed by these endings:

schreiben

ich schrieb	*wir schrieb**en***
*du schrieb**st***	*ihr schrieb**t***
er/sie/es schrieb	*Sie/sie schrieb**en***

✅ Tipp

When you come across a new verb always check whether it is regular or irregular and learn the imperfect form as well as the past participle form of the irregular verbs. See page 81 for a list of irregular verbs.

Grammatik

The nominative and accusative are two of the four cases in German. The nominative case is used for the subject of a sentence. The accusative is used for the direct object and in expressions of time (*jeden* Montag).

Das Mädchen schreibt *eine/die* E-Mail. *Das Mädchen* is the subject. The direct object (what the girl writes) is *eine/die* E-Mail.

The definite and indefinite articles change depending on the case as well as the gender of the noun.

The definite article

	masculine	feminine	neuter	plural
nominative	der	die	das	die
accusative	**den**	die	das	die

The indefinite article

	masculine	feminine	neuter	plural
nominative	ein	eine	ein	meine (my)
accusative	**einen**	eine	ein	meine

Note: The two cases differ only in the **masculine** form.

Tipp

Possessive adjectives, such as *mein* (my), and *kein* (not a/no) have the same endings as the indefinite article *ein* (a/an).

This shows how important knowing the gender of German nouns is; the accuracy of a sentence depends to a large extent on it. Learn the gender when learning the word, but be aware of helpful patterns, such as that nouns ending in *-ung, -heit* and *-keit* are always feminine.

1 Nominative or accusative? Decide whether the underlined words are the nominative (subject) or the accusative (direct object). Think about the meaning of the words, not just their position in the sentence. Write your answer in the space provided.

a Meine Freundin hat keinen Lieblingsfilm. _____

b Der Schauspieler Daniel Brühl hat die Hauptrolle in dem Film „Good Bye Lenin!" _____

c Mein Kaninchen frisst am liebsten Karotten. _____

d Deinen neuen Pulli finde ich echt cool. _____

e Meiner Meinung nach kosten die Kinokarten zu viel Geld. _____

2 Choose the correct form in the following sentences.

a **Das / Den** Haus hat **eine / einen** Garten mit vielen Blumen.

b **Der / Die** Lehrer meint, dass ich **meinen / meine** Hausaufgaben besser machen sollte.

c Nächste Woche kauft **mein / meinen** Vati **ein / einen** Computer.

d Dann kann ich endlich **den / das** Internet benutzen.

e Ich esse **jede / jeden** Tag **ein / einen** Apfel.

f **Einen / Eine** Birne schmeckt besser als Brot.

g Aber **meine / mein** Freund isst nie Frühstück.

3 Fill in the gaps in these sentences using the correct form of the indefinite article or the possessive adjective. Remember to check the gender of the nouns.

a Ich brauche _____ Geschenk für meine Mutter.

b Aber was soll ich kaufen – _____ Schal oder _____ Bluse?

c _____ Vati meint, er hätte am liebsten _____ Hund.

d Aber das ist nichts für mich! _____ Hund im Haus halte ich nicht aus! Dann lieber _____ Katze.

e _____ Schwester will _____ Buch für sie kaufen.

f Ach was, ich kaufe einfach _____ große Schachtel Pralinen. Da können wir alle davon essen!

⬛ Grammatik

The dative is the indirect object in a sentence and the genitive is used to show possession.

Ich gebe meiner Schwester eine DVD. Ich is the subject, *eine DVD* is the direct object and *meiner Schwester* is the indirect object. (To whom do I give the book?)

Die DVD meiner Schwester ist total gut. Die DVD is the subject, *meiner Schwester* is the genitive object. (Whose DVD?)

The definite and indefinite articles change depending on the gender of the noun as well as the case.

The definite article

	masc.	fem.	neuter	plural
dative	dem	der	dem	den
genitive	des	der	des	der

The indefinite article

	masc.	fem.	neuter	plural
dative	einem	einer	einem	meinen (my)
genitive	eines	einer	eines	meiner

---

1 **Underline the indirect object in these sentences and translate the sentences into English.**

a   Sie schreibt der Firma eine E-Mail.

_____

b   Bitte sag es nicht deiner Mutti!

_____

c   Gib deinem Bruder die Autoschlüssel.

_____

d   Die Lehrerin las den Schülern den Zeitungsartikel vor.

_____

_____

2 **Form the genitive case using the following words as the example shows.**

Beispiel: das Fahrrad/das Mädchen: *das Fahrrad des Mädchens*

a   der Preis/die Hose: _____

b   die Möbel/das Haus: _____

c   die Demonstration/die Frauen und Männer: _____

d   das Handy/mein Freund: _____

3 **Dative or genitive? Complete the sentences with the correct form of the word in brackets.**

a   Heute will ich _____
    (*meine Oma*) ein Geschenk kaufen.

b   Sie erzählt _____
    (*die Kinder*) eine lustige Geschichte.

c   Meine Freundin ist die beste Fußballspielerin _____
    _____ (*die Schule*).

d   Die Handlung _____
    (*die Fernsehsendung*) war total langweilig.

e   Die Frau gab _____
    (*der Kellner*) kein Trinkgeld.

f   Der Chef _____
    (*das Restaurant*) war sehr freundlich.

g   Wir sagten _____
    (*der Lehrer*), dass wir keine Hausaufgaben wollten.

✅ **Tipp**

In the dative case add an *-n* or *-en* when the noun is in the plural, unless it already ends in *-n* or *-s*.

*Ich gebe **den** Kindern den Ball.*

*Wir schreiben unser**en** Freund**en**.*

✅ **Tipp**

The genitive can be translated into English using 'of the …' or the noun with -'s, e.g. 'The book's title'/'The title of the book'.

In the genitive, masculine and neuter nouns add an *-s* or *-es* in the singular only.

*der Pulli **des** Vater**s** **(m)***

*der Ball **des** Kind**es** **(n)***

*der Titel **eines** Film**s** **(m)***

*der Titel **eines** Buch**s** or Buch**es** **(n)***

🖪 Grammatik

The verb in second position

In a simple German sentence the verb is always the second idea.

subject	verb	object
Die Beatles	***produzierten***	*viele Schallplatten.*

It is not, however, always the second word:

*Das Auto meiner Mutter und das Auto meines Vaters **sind** beide rot.*

If there is a **modal verb** in the sentence accompanied by a verb in the infinitive, the modal verb agrees with the subject and is the second idea and the other verb goes to the end of the sentence:

*Ich **muss** immer viele Hausaufgaben **machen**.*

1a Highlight or underline the verbs in each sentence.

a Die Stadt Hamburg liegt an der Elbe in Norddeutschland.

b Die Hauptstadt von Deutschland heißt Berlin.

c Er ist oft nach Berlin gefahren.

d Dort kann er bei seiner Schwester wohnen.

e Sein Zug fährt normalerweise um 10 Uhr ab.

f Leider musste sie die Reise in die Schweiz absagen.

1b Now explain the position of the verbs in the sentences above. What can you say about separable verbs, modal verbs and verbs in the perfect tense?

2 Unjumble the sentences into the correct word order. Start with the word that is underlined.

a sehr stehen spät <u>Wir</u> immer auf .

_____

b in gehen <u>Dann</u> den wir Park .

_____

c treffen <u>Dort</u> Freunde wir zum unsere Fußballspielen .

_____

d ich ein kaufe mir <u>Danach</u> belegtes meistens Brötchen .

_____

e am zu <u>Ich</u> Nachmittag Hause muss 5 Uhr wieder um sein .

_____

> ### ✅ Tipp
>
> The **subject** does not have to be the first idea in a sentence. Often an adverb or a time element can be at the beginning of a sentence or any element you want to emphasise. In this case the verb is still the second idea and the subject follows the verb.
>
> *Letztes Jahr flog **ich** nach Wien. **Ich** kaufte viele Souvenirs. Meiner Schwester kaufte **ich** Mozartkugeln und meiner Freundin einen Schal.*

3 Translate these sentences into German. There may be more than one correct version.

a She visits her grandparents every weekend.

_____

_____

b My friend sees his dad on Saturdays.

_____

_____

c Every evening I have to help my dad.

_____

_____

d What is a typically German family?

_____

_____

e Nowadays there are many different types of families.

_____

_____

f My brother found his partner through online dating.

_____

_____

⚏ Grammatik

Time–manner–place

If there are different adverbs or adverbial expressions in a sentence, they are normally arranged in this order: time–manner–place.

subject	verb	time (when?)	manner (how?)	place (where?)
Tino	fährt	jeden Mittwoch	mit dem Rad	zur Musikprobe.

An adverb or adverbial phrase can also be placed at the beginning of the sentence.

In Karlsruhe hat es mir gefallen, nicht in Stuttgart.

✅ Tipp

If there is more than one **time** element, start with the most general one.

*Er spielt **täglich** vier Stunden Klavier.*

If there is more than one **place** element, start with the smallest.

*Sie wohnt **in einer Wohnung** in einem Wohnblock.*

---

1 Write out sentences using the correct word order. Start with the word that is underlined.

a   <u>Es</u> – jedes Jahr im Oktober – bekanntes – ein – Fest – gibt – in München .

_____

b   <u>Er</u> – gestern – nach – gekommen – um halb drei – ist – Hause .

_____

c   <u>Wir</u> – jeden – zu Fuß – zur – gehen – Tag – Schule .

_____

d   <u>Sie</u> – an der Ostsee - im Jahr 2012 – in einem Zelt – vier Monate lang – lebte – an einem Strand.

_____

_____

2 Something went wrong here! Can you spot the mistakes and write the sentences correctly?

a   In Köln Touristen können mit oder ohne Führung den berühmten Dom jeden Tag besichtigen.

_____

_____

b   Würdest du im Schnee mit dem Auto im Winter fahren?

_____

c   Mein Hund oft spielt in unserem Garten mit einem alten Fußball.

_____

d   Ich werde in den Sommerferien in einem kleinen Café jedes Wochenende in der Stadtmitte bedienen.

_____

_____

3 Translate these sentences into English. What do you notice about the word order in English?

a   Wie kommen Sie jeden Tag zur Schule?

_____

_____

b   Mit ihrem Taschengeld kauft sie sich einmal im Monat Kleider, immer in den gleichen Geschäften.

_____

_____

c   Er arbeitet jeden Dienstagabend von 5 bis 7 Uhr im Restaurant.

_____

_____

d   Sie mieten zweimal im Jahr die gleiche Ferienwohnung für zwei Wochen in einem kleinen Dorf in der Schweiz.

_____

_____

_____

1 Bringen Sie die Wörter in die richtige Reihenfolge. Fangen Sie mit dem <u>unterstrichenen</u> Wort an.

a den <u>Meine</u> schaltet Mutti Fernseher jeden an Abend .

_____

b <u>Ich</u> immer das auf Geschirr räume .

_____

c kleine nie will Schwester abräumen <u>Meine</u> .

_____

d Schulbus fährt <u>Unser</u> um ab 8 Uhr morgens und an Schule der kommt um an 9 Uhr .

_____

_____

> **Grammatik**
> **Verbs with prefixes in the present tense**
>
> There are many verbs in German which consist of a basic verb such as *fahren* or *kommen* and a separable prefix – such as *ab* or *an*.
>
> *Ich **gebe** nie **auf**, auch wenn es nicht einfach ist.*
>
> With a modal verb the infinitive is written as one word: *Man **soll** nie **aufgeben**.*

2a Welche Verben sind trennbar (T) und welche untrennbar (U)? Schreiben Sie ins Kästchen. Finden Sie zu jedem deutschen Verb (a–e) die richtige englische Übersetzung (i–v).

a verstehen ☐
b ausgehen ☐
c beschreiben ☐
d teilnehmen ☐
e einkaufen ☐

i to take part
ii to describe
iii to shop
iv to understand
v to go out, socialise

> ✅ **Tipp**
> These eight prefixes are not separable from the basic verbs: *be-, emp-, ent-, er-, ge-, miss-, ver-* and *zer-*.
> *Ich besuche meine Tante.*
> *Sie erkennt ihn nicht.*
> *Das gefällt uns gut.*
> *Die reichen Industrieländer verbrauchen zu viel Wasser.*

2b Extra: Schreiben Sie mit jedem Verb in Übung 2a jeweils einen Satz im Präsens.

3 Übersetzen Sie diese Sätze ins Englische. Achten Sie darauf, dass Ihre englischen Sätze gut klingen.

a Seit drei Jahren will er in der Schweiz studieren und jetzt klappt es.

_____

_____

b Wir kennen uns seit unserer Kindheit.

_____

c Ihre Eltern sind schon fünf Jahre lang geschieden.

_____

d Meine Großeltern wohnen erst seit vier Monaten in diesem tollen Appartement.

_____

_____

e Wir treiben schon vier Wochen lang keinen Sport mehr.

_____

_____

> **Grammatik**
> **Present tense with *seit***
>
> In German the present tense can also be used for an action which started in the past and continues into the present. Often *schon* or the preposition *seit* is used with a time expression to describe how long the action has been going on.
>
> *Wir lernen seit vier Jahren Deutsch.* We have been learning German for four years (and we are continuing to learn it).
>
> *Sie fährt schon zehn Jahre lang täglich mit dem Zug zur Arbeit.* She has been travelling to work by train for ten years (and continues to do so).

Grammatik

The six modal verbs in German are:

dürfen	to be allowed to, may	*sollen*	to be to, shall
müssen	to have to, must	*mögen*	to like, may
können	to be able to, can	*wollen*	to want to

They are usually used with another verb. The modal verb ending always agrees with the subject. The other verb goes to the end of the sentence in the infinitive <u>without</u> *zu*.

*Ich **darf** heute Abend ins Kino **gehen**.*

Remember:
- 'I must not' is translated *Ich **darf** nicht*, whereas *Ich **muss** nicht* means 'I don't have to'.
- *mögen* can also be used to express a wish or a possibility:
  *Das **mag** der Fall sein.* That may be the case.

1 Welche Satzhälften passen zusammen?

a Wir fahren immer mit dem Zug,

b Emma und Tim sind seit zwei Monaten volljährig,

c Bei einem Streit

d Beim Essen in einem Restaurant

e In dem Fragebogen geht es darum,

f Nach dem Abitur

g Für Teenager gibt es viele Gefahren,

h Um Vorurteile in einer Gesellschaft abzubauen,

i sollte man sein Handy nicht benutzen.

ii welche Sportarten man mag und welche nicht.

iii also dürfen sie bei der nächsten Bundestagswahl wählen.

iv wenn wir in die Stadt wollen.

v soll man wenn möglich ruhig und sachlich bleiben.

vi an die sie denken müssen, besonders beim Ausgehen am Abend.

vii muss jeder Bürger offen für Neues sein.

viii will er auf jeden Fall seine Ausbildung im Ausland machen.

✅ Tipp

Sometimes modal verbs can be used on their own, for example, when motion is implied, even though the verb *gehen* or *fahren* is omitted.

Wir wollen nach München. We are on our way to Munich, we are going to Munich.

Er sollte zu seiner Oma. He was to go to his grandma's.

Some idiomatic expressions:

Ich kann nichts dafür. I can't help it, it's not my fault.

Was soll das denn eigentlich? What is this all about? What is really the point of all this?

Sie kann nicht mehr. She can't carry on any more.

2 Wählen Sie das Modalverb, das am besten passt, und ergänzen Sie den Satz mit der richtigen Form des Verbs.

a Es gibt auch heute noch Leute, die meinen, dass der Mann besser der Brotverdiener sein _____ (*sollen/müssen*).

b Wenn die Eltern geschieden sind, _____ (*können/dürfen*) es bedeuten, dass ein Kind zwei Zuhause hat.

c Die meisten Jugendlichen _____ (*sollen/wollen*) gern mit Freunden zusammen sein.

d Obwohl es schwer sein wird, _____ (*wollen/können*) er versuchen, sein Handy weniger zu benutzen.

e Jeder _____ (*müssen/können*) selbst entscheiden, ob Ehe oder Partnerschaft besser ist.

f In einer Familie _____ (*dürfen/müssen*) alle auf einander Rücksicht nehmen.

g Seine Eltern sind sehr liberal und daher _____ (*wollen/dürfen*) er seine Freunde immer zu sich nach Hause einladen.

3 Hier ist Ihre Liste mit Dingen, die Sie zu tun haben. Wählen Sie verschiedene Modalverben je nach Ihren Prioritäten und formulieren Sie Sätze in der *ich*-Form.

a jeden Morgen rechtzeitig aufstehen

_____

b in allen Fächern meine Hausaufgaben machen

_____

c einmal pro Woche die Oma besuchen

_____

d freiwillig den Eltern im Haushalt helfen

_____

e nicht vergessen, die kleine Schwester vom Kindergarten abzuholen

_____

_____

1 Benutzen Sie die folgenden Ausdrücke und formulieren Sie Sätze im Perfekt.

a den Vater lieber mögen als die Mutter (*sie*)

_____

b keinen Partner wollen (*du*)

_____

c das Auto nicht sehen können (*er*)

_____

d nicht zu der Party dürfen (*wir*)

_____

e zur Hochzeit von euren besten Freunden gehen wollen (*ihr*)

_____

f zum Abendessen nach Hause müssen (*ich*)

_____

2 Wählen Sie das richtige Verb.

a Der neue Mitbewohner der WG hat schon nach einem Monat wieder ausziehen **gemusst / müssen**.

b Es hat mich überrascht, dass sie ihn heiraten **gewollt / wollen** hat.

c Erst als ich mit dem Abwaschen fertig war, habe ich zu meiner Theater AG **gedurft / dürfen**.

d Sie haben Auskunft über ihre Verwandten im Internet finden **gekonnt / können**.

e Leider hat er seinen Stiefvater nie **gemocht / mögen**.

f Du hättest diesen Brief wirklich nicht schreiben **gesollt / sollen**.

3 Beantworten Sie die folgenden Fragen im Perfekt. Benutzen Sie das Verb *lassen* und die Wörter in den Klammern.

a Wann ist sie mit ihrem Freund zusammengezogen? (*ihre Eltern/ zusammenziehen/als sie 18 war*)

_____

b Wo ist das Buch, das ich dir geschenkt habe? (*ich/es/bei meiner Oma/liegen*)

_____

c Warum ist dein Bruder traurig? (*mein Vater/ihn/nicht ausgehen*)

_____

d Warum bist du so nass? (*meine Schwester/mich/nicht ins Haus*)

_____

Grammatik

The perfect tense of modal verbs (1)

If modal verbs are used on their own – usually in shorter sentences/statements – they form the past participle in the expected way:

*Ich habe das nicht **gewollt**.*
I didn't want/intend that.

*Wir haben es nicht **gedurft**.*
We were not allowed to.

*Du hättest das nicht **gemusst**.*
You need not have done this.

*Sie hat nicht **gekonnt**.*
She was not able to.

*Er hat sie nicht **gemocht**.*
He didn't like her.

The past participle of *sollen* is generally not used.

Grammatik

The perfect tense of modal verbs (2)

If a modal verb is used with another verb in the infinitive – which is normally the case – then the perfect tense of the modal verb is formed with what looks like an infinitive rather than a past participle.

*Er **hat** seine Mutter in Berlin besuchen **müssen**.* He has had to visit his mother in Berlin.

*Wir **haben** gestern Abend nicht ins Kino gehen **dürfen**.* We were not allowed to go to the cinema last night.

Grammatik

The perfect tense of verbs of perception

Verbs of perception such as *hören, sehen, fühlen* and *spüren* follow the same pattern as modal verbs in the perfect tense:

*Ich **habe** ihn in den Garten gehen **sehen**.*

*Wir **haben** dich nicht kommen **hören**.*

The verb *lassen* (to let or have someone do something) also follows this pattern.

*Sie **haben** ihren Hund auf dem Sofa schlafen **lassen**.*

1 Bilden Sie entweder Adjektive oder Substantive mit einem Wort aus der Liste a–i und dem passenden Wort oder der passenden Nachsilbe aus der Liste i–ix.

a	wunder	**i**	heit
b	Wohn	**ii**	verständnis
c	un	**iii**	voll
d	zehn	**iv**	jährig
e	Gesund	**v**	glücklich
f	Mit	**vi**	ung
g	erfolg	**vii**	los
h	Miss	**viii**	bar
i	geheimnis	**ix**	fahrer

> **🔒 Grammatik**
>
> In German words are formed from a basic stem (e.g. *krank*) in the following ways:
> - by adding a prefix:
>   *krank* → *erkranken*
> - by adding a suffix:
>   *krank* → *die Krankheit*
> - by adding an ending (and sometimes a vowel change) to form a noun:
>   *krank* → *der/die Kranke*
> - by adding another word and forming compound words: *die Kranken* + *das Haus* = *das Krankenhaus*

2a Bilden Sie zusammengesetzte Substantive, indem Sie die Wörter in die richtige Reihenfolge bringen. Passen Sie auf, manchmal müssen Sie ein -*s*- zwischen den Wörtern einfügen.

a die Uhr/der Hof/die Bahn _____

b die Tante/die Kinder/der Garten _____

c das Haus/die Kranken/die Kinder _____

d die Pflege/die Alten/das Heim _____

e die Forschung/das Institut/die Meinung

_____

2b Können Sie eine Regel aufstellen, wie man das Genus zusammengesetzter Substantive bestimmen kann?

_____

_____

> **✓ Tipp**
>
> When **nouns** are formed by adding -*heit*, -*keit*, -*ung* or -*schaft*, the gender of the noun is feminine (*gerecht* → *die Gerechtigkeit*). When -*ling* is added, the gender of the noun is masculine (*flüchten* → *der Flüchtling*).
>
> If a noun is formed from the infinitive of a verb, the noun is neuter (*lachen* → *das Lachen*).
>
> When two nouns are joined to form a compound, sometimes a connector is needed to make it easier to say: *der Liebling* + *die Farbe* = *die Lieblingsfarbe*. Other typical connectors in compound words include -*e*- (*Schweinefleisch*) or -*n*- (*Tintenfisch*).

3 Bilden Sie Substantive aus den fettgedruckten Verben.

a Sie dürfen hier nicht **rauchen**.

Das _____ ist hier verboten.

b Sie arbeitete acht Stunden ohne Pause und wurde sehr schlecht **bezahlt**.

Obwohl sie acht Stunden ohne Pause arbeitete, war die

_____ sehr schlecht.

c Wir **forschten** in einem Labor und es machte allen viel Spaß.

Die _____ in dem Labor machte allen viel Spaß.

d Unsere neuen Nachbarn haben sich wirklich sehr gut **integriert**.

Die _____ unserer neuen Nachbarn hat wirklich sehr gut funktioniert.

e Meine Großeltern **heizen** immer schon ab September.

Bei meinen Großeltern läuft die _____ immer schon ab September.

f Sie **flüchteten** aus der DDR über die Ostsee nach Dänemark.

Die _____ kamen aus der DDR und erreichten Dänemark über die Ostsee.

> **✓ Tipp**
>
> **Adjectives** and **adverbs** are often formed by:
> - adding a suffix such as -*bar*, -*haft*, -*ig*, -*isch*, -*lich*, -*los*, -*voll*, -*reich*
>   *brauchen* → *brauchbar* = usable
>   *das Kind* → *kindlich* = childlike
> - adding a prefix such as *miss*-, *un*-, *wohl*-
>   *trauen* → *misstrauisch* = sceptical
>   *erzogen* → *wohlerzogen* = well-brought-up
>
> There are also compound adjectives in German such as:
> - *fünfjährig* five years old, lasting five years
> - *reiselustig* keen to travel
> - *armselig* miserable, wretched

1 Welche Satzhälften passen zusammen?

a   Das Konzert,

b   Das Haus,

c   Das ist ein Schauspieler,

d   Wir besichtigten eine Kirche,

e   Die Kunstwerke,

i   die im Barockstil erbaut worden war.

ii   das gestern Abend stattfand, war ausverkauft.

iii dessen Filme ich bewundere.

iv   die ausgestellt waren, konnte man kaufen.

v   in dem meine Schwester wohnt, wurde von einem bekannten Architekten gebaut.

2 Bilden Sie aus den beiden Sätzen einen Relativsatz.

a   Die Sonnenallee liegt im Bezirk Neukölln. Sie wurde durch einen Film bekannt.

Die Sonnenallee, _____ ,

_____ .

b   Wir übernachteten in einem Hotel. Es war ein Vier-Sterne-Hotel.

Das Hotel, _____ ,

_____ .

c   Sie haben über die alte Tradition berichtet. Man kennt sie nur in bestimmten Gegenden.

Die alte Tradition, _____ ,

_____ .

d   Ich hatte für meinen Freund einen Kalender gekauft. Er war ganz begeistert davon.

Mein Freund, _____ ,

_____ .

e   Seid ihr zu dem neuen Reichstag gegangen? Sir Norman Foster hat ihn entworfen.

Seid ihr _____ ,

_____ ?

3 Übersetzen Sie ins Deutsche. Lesen Sie vorher nochmals den Tipp.

a   The town he visited in the summer is well known for its music festivals.

_____

_____

b   We knew the people we were meeting last night.

_____

_____

c   The flat she was sharing had to be renovated.

_____

_____

d   The youth hostel they stayed in was quite cheap.

_____

_____

Grammatik

Word order with relative clauses

Relative clauses are subordinate clauses and are linked to the main clause by the relative pronouns 'who' or 'which/that'.

In German, a relative pronoun agrees with the gender and case of the noun it refers to and sends the verb to the end of the clause. The case of the relative pronoun depends on its role in the relative clause (i.e. subject, direct/indirect object, etc.)

There is always a comma before the relative pronoun.

*Der Maler, **der** dieses Bild malte, ist mein Nachbar.* (nominative)

*Die Musik, **die** wir am liebsten hören, ist Techno.* (accusative)

*Es gibt ziemlich viele Regisseure, **deren** Filme zu Klassikern geworden sind.* (genitive)

Tipp

Always check if there is a preposition used with the relative pronoun as this will determine the case of the relative pronoun.

*Das ist Timo, **mit dem** ich nach Berlin gefahren bin.* (mit = dative)

In English relative pronouns can sometimes be left out but in German they have to be used.

Have you seen the exhibition (which) our teacher recommended to us? *Hast du die Ausstellung gesehen, **die** unser Lehrer uns empfohlen hat?*

1 Dativ (D) oder Akkusativ (A)? Schreiben Sie auf die Zeile am Ende der Sätze.

a   Sie legt ihr neues Handy auf den Tisch. _____

b   Warum liegen deine Schulbücher im Wohnzimmer? _____ Bring sie bitte in dein Zimmer. _____

c   Seine Schwester sitzt den ganzen Nachmittag vor dem Fernseher. _____

d   Wir setzten uns auf das Sofa und hörten Musik. _____

e   Neben dem Computer steht eine ganz moderne Stehlampe. _____

f   Er starrte auf den Computer und war plötzlich total müde. _____

g   Ich habe die Karte zwischen ein paar Kochbüchern _____ in der Küche gefunden. _____

h   Lauf schnell unter den Baum, dann wirst du nicht nass! _____

2 Dativ (D) oder Genitiv (G)? Schreiben Sie auf die Zeile am Ende der Sätze.

a   Trotz des Regens haben sie draußen zu Abend gegessen. _____

b   Während der Ferien koche ich immer für meine Eltern, die beide arbeiten. _____

c   Sie ist heute während der Englischstunde fast eingeschlafen. _____

d   Wegen dem schlechten Wetter sind wir zu Hause geblieben. _____

e   Statt dem Hund hat er die Katze gefüttert. _____

f   Ihr habt euch also statt eines Autos ein Tandem gekauft? _____

g   Trotz der vielen Hausaufgaben verbringt meine Freundin täglich mehrere Stunden auf Facebook. _____

h   Wegen der Beliebtheit von Online-Shopping verlieren kleinere Geschäfte ihre Kunden. _____

3 Ergänzen Sie die Sätze mit dem bestimmten Artikel im richtigen Kasus (Akkusativ, Dativ oder Genitiv).

a   Sie wählt Musik für _____ Playliste.

b   Mit _____ GPS-System kann man leicht einen passenden Weg finden.

c   Die Photos von _____ letzten Geburtstagsparty sind echt cool.

d   Durch _____ Internet ist die Welt kleiner geworden.

e   Wegen _____ hohen Kosten kann er sich kein Smartphone mehr leisten.

f   Sein Smartphone lag unter _____ Bett.

g   Vor _____ nächsten Sendung mache ich mir noch schnell eine Butterbretzel.

🔹 Grammatik

In German, prepositions can determine the case of the object they refer to.

- *für, um, durch, gegen, entlang, bis, ohne, wider* (fudgebow) are followed by the **accusative**
- *aus, außer, bei, gegenüber, mit, nach, seit, von, zu* are followed by the **dative**
- *innerhalb, außerhalb, hinsichtlich, infolge, statt, trotz, während, wegen* are followed by the **genitive**

🔹 Grammatik

'Dual case' prepositions take either the dative or the accusative, depending on context.

An, auf, hinter, in, neben, über, unter, vor, zwischen are followed by the accusative when the verb implies movement and by the dative when the verb indicates position.

*Ich **hänge** das Bild an **die** Wand.* I am hanging the picture **on to** the wall = movement: accusative

*Das Bild **hängt** an **der** Wand.* The picture is hanging **on** the wall = position: dative

✅ Tipp

Während, wegen, statt, trotz can be used with the dative instead of the genitive, often colloquially.

*Während **dem** Essen quatschte er die ganze Zeit.*

Entlang can be used before or after a noun.

*Sie gingen **den Fluss entlang**.* (accusative – following the noun)

***Entlang dem Fluss** gab es viele Bäume.* (dative – preceding the noun)

1 **Ergänzen Sie die Lücken mit der richtigen Form von *werden*.**

a Die Beliebtheit von Online-Shopping _____ sich weiter ausbreiten.

b Erst wenn er 18 ist, _____ er und seine Freunde den Führerschein machen.

c _____ du nächstes Jahr eine Lehre machen oder ein Studium beginnen?

d Im Internet _____ ihr sicher viele Informationen zu eurem Thema finden.

e Meine Eltern _____ meinem Bruder wahrscheinlich ein neues Computerspiel schenken.

f Mit meinem ersten Gehalt _____ ich auf jeden Fall ein Smartphone kaufen.

2 **Schreiben Sie die Sätze in der richtigen Reihenfolge. Fangen Sie mit dem unterstrichenen Wort an.**

a <u>Die</u> das zerstören traditionelle wird Familienabendessen Digitalisierung .

_____

_____

b <u>In</u> ältere immer werden Leute mehr Computer benutzen den der Zukunft .

_____

_____

c <u>In</u> Jahren du zehn wirst einen sicher gut Beruf bezahlten haben .

_____

_____

d <u>Wir</u> machen es müssen werden , wollen oder ob nicht wir .

_____

_____

3 **Beantworten Sie die Fragen, indem Sie das Futur benutzen.**

a Wann darf sie die Führerscheinprüfung machen?

Nächstes Jahr im Frühling _____

_____

b Wann fährst du nach Deutschland und wann nach Österreich?

Im Juni _____

_____

c Was macht dein Bruder wohl in fünf Jahren?

In fünf Jahren _____

_____

d Was kaufen deine Freunde wohl für dich zu deinem Geburtstag?

Wahrscheinlich _____

_____

▐ Grammatik

The future tense is used less in German than in English. It is used to emphasise the contrast between present and future or to express an intention or prediction.

It is formed with the present tense of *werden* and the infinitive.

*Dieses Jahr habe ich ein Zimmer gemietet, aber nächstes Jahr **werde** ich bestimmt meine eigene Wohnung **haben**.*

Mostly, however, the present tense is used to express the future with an adverb of time.

***Nächsten Monat <u>beginnt</u>** sein Studium.*

▐ Grammatik

In the future tense, *werden* agrees with the subject and the infinitive goes to the end.

*Wie **wird** sich die Digitalisierung in den nächsten zehn Jahren **entwickeln**?*

In a subordinate clause *werden* goes to the end of the clause.

*Obwohl sie kein Geld mehr haben **werden**, werden sie einen Computer kaufen.*

If there is a modal verb, it goes to the very end.

*Dann werden sie ganz bestimmt arbeiten **müssen**.*

✓ Tipp

The verb *werden* can also mean 'to become'. Always check the context when translating from German into English.

Sie möchte in der Zukunft Computerfachfrau werden.

Werden is also used to form the passive.

Ein neues Forschungszentrum wird in unserer Stadt gebaut.

---

1 Füllen Sie die Tabelle mit den richtigen Personalpronomen aus.

nominative	ich							
accusative		dich		sie	es		euch	
dative			ihm			uns		Ihnen/ihnen

2 Lesen Sie die Sätze und wählen Sie das richtige Personalpronomen.

a Sie interessiert sich überhaupt nicht für Mode. Also kannst du nicht mit **ihr / sie** einkaufen gehen.

b Kunst und Architektur sind sehr wichtig für **ihm / ihn**.

c Bei Stefan zu Hause spielt das Internet eine große Rolle. Ist das bei **euch / ihr** auch so?

d Wie gefallen **dir / dich** die traditionellen Trachtenfeste?

e Meine beiden Freundinnen sind ganz anders als ich. Trotzdem kann ich **ihnen / sie** echt gut leiden.

f Ich will die Ausstellung über Kunst in der DDR unbedingt sehen. Mein Freund versteht **mir / mich** einfach nicht.

3 Was passt zusammen? Finden Sie zu jedem deutschen Wort die richtige englische Übersetzung.

a jeder   **i** nobody/no one

b jemand   **ii** nothing

c niemand   **iii** something

d keiner   **iv** everyone, each

e nichts   **v** someone/somebody

f etwas   **vi** nobody/no one, not one

4 Ergänzen Sie die folgenden Sätze mit dem richtigen Indefinitivpronomen aus dem Kasten unten. Passen Sie auf, es gibt mehr Wörter als Sie brauchen.

a Meiner Ansicht nach sollte _____ das studieren, was ihn oder sie interessiert.

b Katya und Kavita, hat _____ von euch meinen neuen Schal gesehen?

c Ich habe _____ mein Handy gegeben und weiß nicht mehr wem.

d Warum hat mir das _____ gesagt?

e Nach ein paar Tagen kannte er _____ von uns schon ziemlich gut.

f Hast du auch wirklich _____ bemerkt?

> jemand   niemand   keiner   jeden   niemanden
> keine   jeder   jemandem   niemand   jedem

⚙ Grammatik

Personal pronouns

Personal pronouns replace nouns and people. They change depending on the case.

Meine Eltern leben getrennt. *Sie* haben sich seit drei Jahren nicht mehr gesehen.

Sie findet *diesen Pulli* wirklich super, also wird sie *ihn* kaufen.

⚙ Grammatik

Indefinite pronouns

Indefinite pronouns also replace nouns but they do not refer to something specific. *Etwas* and *nichts* never change:

Es gab nichts Modisches.

Wir aßen etwas Leckeres.

Viel, wenig, jemand, niemand, einer, keiner, jeder can change depending on the case.

Wir haben niemanden gesehen.

Er hat jedem ein neues T-Shirt gegeben.

✓ Tipp

The adverb *irgend-* emphasises something indefinite even more.

Wem kann ich diese Klamotten geben? Gib sie einfach irgendjemandem. Who can I give these clothes to? Just give them to **anybody**.

1 Wählen Sie das richtige Demonstrativpronomen.

a Welcher Film gefällt dir besser – **dieser / dieses** oder der da?

b Welche Schuhe nimmt er – **diese / dieser** oder **jene / jener**?

c **Diejenige / Derjenige**, die das weiß, bekommt einen Preis.

d Warum haben sie diesen Laptop gekauft? **Jenes / Jener** ist viel besser.

e Welches Kaninchen hättest du gern – **diese / dieses** oder **jene / jenes**?

f Es gibt so viele interessante Themen, aber **diese / dieses** finde ich am wichtigsten.

g Sie hat so viele schöne Blumen in ihrem Garten, aber **diese / dieses** hier haben die schönste Farbe.

Grammatik

Interrogative pronouns

The interrogative pronouns are the question words *was* and *wer*. *Wer* changes according to the case it is used in:

nominative	wer
accusative	wen
genitive	wessen
dative	wem

Wer weiß das? **Who** knows that? (nominative)

Wen kennst du hier? **Whom** do you know here? (accusative)

Wem gibst du das Geschenk? **To whom** are you giving the present? (dative)

Wessen Fahrrad ist das? **Whose** bike is this? (genitive)

Was ist los? **What** is the matter? (nominative)

Grammatik

Demonstrative pronouns

Demonstrative pronouns replace nouns and add emphasis, as in *dieser* (this/these) and *jener* (that/those). Their endings change depending on the case and follow the declension of the definite article.

Both *dieser* and *jener* are used more as adjectives than as pronouns.

Jener as a pronoun ist mainly used when contrasting with something else.

*Dieses Handy sieht besser aus als **jenes**.*

Otherwise the colloquial form is used much more.

*Welches Buch willst du – **dieses** oder **das da**?*

✓ Tipp

The special forms *derjenige/diejenige/dasjenige* are used when followed by a relative clause.

***Diejenigen**, die jetzt gleich in den Zug einsteigen, bekommen die besseren Sitzplätze.* Those who get on the train straightaway will get the better seats.

*Wenn ich **denjenigen** erwische, **der** das getan hat!* If I find the person who did this!

2 Ergänzen Sie die Lücken mit dem richtigen Interrogativpronomen.

a _____ hast du gegessen?

b _____ haben sie getroffen?

c Für _____ ist dieser Stuhl?

d An _____ schickst du diese Karte?

e Mit _____ wollen wir in die Ferien fahren?

f _____ hat Tom gesehen?

g _____ Hund ist das?

h Von _____ haben sie gesprochen?

3 Übersetzen Sie diese Sätze ins Deutsche.

a Whose mobile phone is that?

_____

b Who did you play tennis with?

_____

c Who did he see this morning?

_____

d Which scarf do you like better – this one or that one?

_____

_____

e There are so many video games here but these are the best.

_____

_____

1 Aus welchen Gründen wird der Dativ in den folgenden Sätzen benutzt? Schreiben Sie die richtige Zahl neben jeden Satz: 1) Dativ als indirektes Objekt, 2) nach Präpositionen mit dem Dativ, 3) nach einem Verb, auf das der Dativ folgt.

a   Seine neue Gitarre gefällt meiner Schwester sehr gut. ___

b   Ich gab meinem Freund alle meine Zeitschriften. ___

c   Er half seiner Mutti eine passende CD auszusuchen. ___

d   Mit seinem Taschengeld kaufte er sich ein Ticket für das Metal-Musikfestival. ___

e   Bei meinem Onkel zu Hause läuft die ganze Zeit Musik. ___

f   Wir kaufen unserem besten Freund einen Plattenspieler, weil er total auf Vinyl steht. ___

2a Lesen Sie den Text und unterstreichen Sie die Satzteile im Dativ.

Letzten Sommer waren meine Freunde und ich auf einem supercoolen Musikfestival. Da es nicht in unserer Stadt war, mussten wir mit dem Zug fahren. Aber das war kein Problem, denn die Fahrkarten kosteten nicht sehr viel, da wir alle unsere Schülerausweise dabei hatten. Das Festival-Ticket war zwar ziemlich teuer, aber ich hatte meiner Mutti sehr viel im Haushalt und bei der Gartenarbeit geholfen, so dass ich es mir leisten konnte. Für mich war es das erste Mal auf einem dreitägigen Festival und ich konnte mir eigentlich nicht richtig vorstellen, ob es mir gefallen würde. Aber ich muss sagen, es hat total Spaß gemacht. Leider war meine Freundin etwas enttäuscht. Ihr fehlte ein bequemes Bett und im Zelt war es etwas zu kalt für sie.

2b Extra: Begründen Sie, warum der Dativ in den Beispielen benutzt wurde.

3 Dativ, Akkusativ oder Genitiv? Ergänzen Sie diese Sätze mit dem richtigen Kasus.

a   Wie gefällt _____ _____ Technomusik? (*your brother*)

b   Meine Mutti kann Heavy Metal nicht leiden, aber _____
_____ gefällt es total. (*my dad*)

c   Seit er in der Schweiz lebt, fehlen _____ seine Freunde. (*him*)

d   Diese Eintrittskarten kosteten _____ _____
_____ _____. (*us all our pocket money*)

e   Dieser Lehrer hilft _____ _____ gar nie. (*his students*)

f   Sie hatten _____ _____ (*no mobiles*), deshalb
schrieben sie _____ _____ einen Brief. (*their friends*)

g   Sie enthält sich immer _____ _____. (*her opinion*)

h   Du solltest nicht so laute Musik hören – das schadet _____
_____. (*your ears*)

⚏ Grammatik

Verbs followed by the dative case

Some verbs in German are always followed by the dative case. The most frequently used are: *danken* (to thank), *helfen* (to help), *gefallen* (to like), *fehlen* (to be lacking, missing), *gehören* (to belong to), *schaden* (to harm).

There are also some reflexive verbs which need the reflexive pronoun to be in the dative: *sich … leisten* (to afford), *sich … vornehmen* (to plan, undertake to), *sich … vorstellen* (to imagine).

Konntest du dir das Buch nicht leisten?

Ich kann mir ein Leben ohne Handy nicht vorstellen.

⚏ Grammatik

Verbs followed by the genitive case

In spoken German not many verbs which are followed by the genitive are actually used, but they can still be found in literary texts or in official language.

(jemanden etwas) berauben: Er wurde seines ganzen Geldes beraubt. He was robbed of all his money.

(jemanden etwas) beschuldigen: Sie wird des Diebstahls beschuldigt. She is being accused of theft.

sich … enthalten: Sie haben sich ihrer Stimme enthalten. They refrained from casting a vote.

⚏ Grammatik

Verbs followed by the accusative case

Most verbs are followed by the accusative, such as *haben, mögen, freuen*.

The verb *kosten* can be followed by a double accusative:

Diese Jeans hat meinen Bruder eine Menge Geld gekostet. These jeans cost my brother a lot of money.

1 Lesen Sie die folgenden Sätze und wählen Sie die richtige Form des Imperativs.

a Hallo Leute, **kauf / kauft** die neue Musikzeitschrift.

b Frau Doser, **nimm / nehmen Sie** doch ein Taxi.

c Claudia, **mach / macht** es dir bequem.

d Florian und Kavita, **kommen Sie / kommt** bitte zu meiner Party.

e Sie da! **Halten Sie an! / Halte an!**

f **Hört auf / Hören Sie auf** zu streiten, Kinder!

2 Dein Freund verbringt zu viel Zeit vor dem Fernseher. Du machst dir Sorgen um ihn und sagst ihm, was er stattdessen tun soll. Ergänzen Sie die folgenden Aussagen als Imperative.

a _____ mehr Musik! (*hören*)

b _____ nach zwei Stunden den Fernsehapparat _____! (*abschalten*)

c _____ nur _____, was dich interessiert! (*anschauen*)

d _____ zuerst alle Hausaufgaben _____! (*fertigmachen*)

e _____ _____ mehr mit Freunden! (*sich treffen*)

f _____ _____ mit deinen Eltern! (*sich unterhalten*)

g _____ abends lieber eine Runde joggen! (*gehen*)

3 Anna and Stefans Eltern machen Vorschläge, wie die beiden einen gesünderen Lebensstil entwickeln könnten. Schreiben Sie die Sätze als Imperative.

a Ihr sollt versuchen, gesund zu essen.

_____

b Zu viel Alkohol trinken, ist schlecht für die Leber.

_____

c Stefan, du solltest mit dem Rauchen aufhören.

_____

d Anna, du solltest regelmäßig Sport treiben.

_____

e Ihr beide solltet nicht zu lange vor dem Computer sitzen.

_____

f Du solltest nicht zu viele Kekse essen, Stefan.

_____

⊞ Grammatik

The imperative is used to give instructions or commands to another person or people ('you'). It can be used in the:

- singular informal. *Schalt(e) den Fernseher ab!*
- plural informal. *Schaltet den Fernseher ab!*
- singular and plural formal. *Schalten Sie den Fernseher ab!*

They all translate as "Switch the TV off." Whereas there is only one imperative form in English, in German you have to think carefully which form is appropriate.

⊞ Grammatik

To form the singular informal imperative, use the *du* form of the verb without the *st*:

Du isst ein Brötchen → **Iss** *dein Brötchen!*

Du fährst ab → **Fahr** *ab!**

Du wäschst dich → **Wasch** *dich!**

*Note: verbs which add an *umlaut* (*a – ä* or *au – äu*) in the second person singular do not do so in the imperative form.

To form the plural informal imperative, use the *ihr* form of the verb without the personal pronoun:

Ihr esst ein Brötchen → **Esst** *ein Brötchen!*

Ihr kauft Lebensmittel ein → **Kauft** *Lebensmittel* **ein***!*

1 Ergänzen Sie die Tabelle mit den richtigen Verbformen.

Infinitiv	Präsens	Perfekt	Imperfekt
erkennen	du	er *hat … erkannt*	wir
denken	wir	ihr	ich
bekommen	sie *bekommt*	sie (pl)	du
verbringen	man	es	ich *verbrachte*
passieren	es	viel	nichts
umziehen	ihr	du	sie (pl)
helfen	er	ihr	es

2 *Haben* oder *sein* – wählen Sie das richtige Hilfsverb, um diese Sätze im Perfekt zu vervollständigen.

a   Bis vor kurzem **hat / ist** sie immer gut mit ihren Eltern ausgekommen.

b   Aber am besten **hat / ist** sie sich mit ihrer Schwester verstanden.

c   Jeden Samstag **hat / ist** sie mit ihr schwimmen gegangen.

d   Sie **haben / sind** zwei Stunden lang geschwommen und **haben / sind** dann ein Eis gegessen.

e   **Habt / Seid** ihr immer mit der ganzen Familie in den Sommerferien nach Bayern gefahren?

> ✅ **Tipp**
>
> When forming the perfect tense, remember that the auxiliary verb will be *haben* for most verbs, especially verbs describing an action with a direct object. Verbs that use *sein* as an auxiliary in the perfect tense tend to indicate a change of state or movement.

3 Schreiben Sie den folgenden Tagebuchauszug im Imperfekt.

> Es ist kaum zu glauben. Meine beste Freundin will heiraten. Dabei ist sie erst 20. Was denkt sie sich dabei? Ich weiß, dass ihre Eltern ihre Entscheidung auch nicht verstehen. Wir treffen uns heute Nachmittag und sprechen darüber. Ich will ihr helfen, einzusehen, dass sie und Kai noch viel zu jung für eine Ehe sind. Ihre Tante muss unbedingt auch noch mit den beiden reden. Ich bin mir jedoch ziemlich sicher, dass es noch nicht zu spät für eine Meinungsänderung ist.

4 **Was ist hier falsch? Unterstreichen Sie die Fehler und schreiben Sie die richtige Form des Imperativs auf die Zeile neben jedem Satz.**

a   Gehen gerade aus, Frau Dietrich, das Kunstmuseum ist dann auf der linken Seite. _____

b   Macht doch den Malkurs in der Stuttgarter Staatsgalerie, Tim. _____

c   Sehr geehrte Damen und Herren, folge mir, bitte. _____

d   Leute, heute gibt es ein Sonderangebot, also kauf verbilligte Eintrittskarten. _____

5 **Ergänzen Sie die folgenden Sätze im Futur.**

a   Er hat versprochen, dass er nie wieder so viel Alkohol _____ _____. (*to drink*)

b   Nächstes Jahr _____ ich an der Kunsthochschule in Hamburg _____. (*to study*)

c   Wenn er 25 ist, _____ er ganz bestimmt _____. (*to get married*)

d   Mit dem ersparten Geld _____ der Künstler eine Reise nach Südamerika _____. (*to book*)

e   Meine Eltern haben geplant, dass sie in fünf Jahren in Rente _____ _____. (*to go*)

f   Wenn ihr keine Schuhe anzieht, _____ ihr nasse Füße _____. (*to get*)

> ☑ **Tipp**
>
> Remember that there are two ways of expressing the future in German. The future tense is formed using *werden* and a verb in the infinitive and is generally used for firm intentions and longer-term plans or predictions. In other contexts, the present tense may be used instead – for example, to describe what will happen in the very near future.

6 **Übersetzen Sie diese Sätze ins Deutsche.**

a   I'm going to buy some new clothes to look more trendy.

_____

_____

b   The demonstration will take place in the market square.

_____

_____

c   We have decided that we definitely will not watch any soap operas on TV next week.

_____

_____

d   My friends will all apply for summer jobs in the next holidays.

_____

_____

e   Wait, Tanja is going to send me a text message in five minutes.

_____

_____

f   Where are you going to live next month?

_____

_____

7 **Ergänzen Sie die Lücken mit einem passenden Wort aus dem Kasten unten.**

Heute ᵃ_____ man sich kaum mehr vorstellen, wie das Leben im geteilten Deutschland war. In den 70er Jahren

jedoch ᵇ_____ niemand in der BRD glauben ᶜ_____, dass die BRD wieder einmal ein Land mit der

DDR bilden würde. Die Westdeutschen ᵈ_____ ein Visum beantragen, wenn sie Verwandte im Osten besuchen

ᵉ_____. Die DDR-Regierung ᶠ_____ ihre Bürger nicht in den Westen, sondern nur in Ostblockstaaten

reisen ᵍ_____. Natürlich hat sich alles geändert und jeder ʰ_____ heute dorthin reisen, wohin er

ⁱ_____.

> darf können hat kann mussten will wollten lassen hat

8 Wie sagt man auf Deutsch?

a instead of the internet _____

b opposite the museum _____

c within the area _____

d outside the town centre _____

e because of the immigration laws _____

_____

f during the demonstration _____

g without their help _____

h with his help _____

i along the border _____

j next to her neighbours _____

9 Dativ oder Akkusativ? Ergänzen Sie die Sätze mit dem fehlenden Wort im richtigen Fall.

a Ihre Eltern wohnen in _____ Etagenwohnung. Im Januar

ziehen sie in _____ Bungalow.

b Im Sommer fahre ich _____ Ausland, denn

_____ Ausland kann ich endlich meine Sprachkenntnisse
anwenden.

c Hinter _____ Tür gibt es nicht viel Platz, daher stellt er immer

nur seinen Regenschirm hinter _____ Tür.

d _____ gehört _____ (this) Tasche, Franjo oder
dir?

e Glaubst du, es ist _____ (anybody) aufgefallen, dass er keine
gültige Fahrkarte hatte?

f _____ (no one) ist es gelungen, das Rätsel zu lösen.

> ✅ **Tipp**
>
> Remember that *wer, dieser, jemand* and *keiner* may take different endings to reflect the case.

10 Um welchen Fall handelt es sich bei den unterstrichenen Satzteilen? Dativ (D), Akkusativ (A) oder Genitiv (G)?

a Der Lieblingsroman <u>meiner Freundin</u> heißt „Jeder stirbt für sich allein"
von Hans Fallada. _____

b Wir wollten <u>zum Besucherzentrum</u>, aber es war leider geschlossen. _____

c Infolge <u>der vielen Touristen</u> gibt es vor <u>dem Reichstag</u> immer
<u>eine lange Schlange</u>. _____ _____ _____

d Die Spuren <u>des Zweiten Weltkrieges</u> prägen Berlin auch heute noch. _____

e Berlin hat <u>viele Dönerläden</u> und <u>eine einmalige Kneipenszene</u>. _____ _____

f Die Stadt bietet <u>seinen Besuchern</u> <u>ein vielseitiges Kulturangebot</u>. _____ _____

g Statt <u>eines Museums</u> besuchten wir <u>das Schloss Charlottenburg</u>. _____ _____

11 Bilden Sie Sätze im Imperfekt aus den Satzteilen unten. Achten Sie darauf, dass Sie die richtigen Fälle und Adjektivendungen benutzen.

a Eine Schulgruppe – aus England – ein Austausch – mit –
eine Klasse – ein Gymnasium – machen

_____

_____

b Während – der Aufenthalt – sie – interessant –
Gedenkstätten – besuchen

_____

_____

c Am letzten Tag – es – eine Abschlussparty – geben –
und – alle – Adressen – austauschen

_____

_____

d Jeder Schüler – sein Austauschpartner – ein – klein –
Abschiedsgeschenk – kaufen

_____

_____

12 Identifizieren Sie diese Verben. Mit welchem Fall werden sie gebraucht?
Dativ (D), Akkusativ (A) oder Genitiv (G)?

a lefneh _____ ____   e ögnem _____ ____

b dibgeshecunl _____ ____   f öghener _____ ____

c lenhfe _____ ____   g sich nehateltn _____ ____

d knedna _____ ____   h laglefne _____ ____

13 Wählen Sie die richtige(n) Antwort(en) in jedem Satz und bestimmen Sie
den Fall. Dativ (D), Akkusativ (A) oder Genitiv (G)?

a Sie bewunderten das Bild **einer / einem / eines** berühmten Malers. ____

b Dieser Maler widmete sich nicht nur **dem / der / das** Malerei, sondern auch
die / den / dem Töpfern. ____ ____

c Kunst spielte **kein / keinen / keine** besondere Rolle im Leben
meines / meinem / mein Vaters. ____ ____

d Aber **mein / meinem / meinen** Bruder gefiel das künstlerische Arbeiten,
schon als er noch in **die / das / den** Grundschule ging. ____ ____

e Daher half er **mich / mir** immer gern und er nahm sich immer Zeit für
mich / mir. ____ ____

f Ich frage mich manchmal aus **welchen / welchem / welche** Grund er dann
später doch **kein / keiner / keines** künstlerischen Laufbahn folgte. ____ ____

> ☑ **Tipp**
>
> To work out which case a noun should
> be in, ask yourself about its role in the
> sentence: Is it the subject (doing the
> action)? A direct object (receiving the
> action)? An indirect object (for whom/
> which the action is done)? Or does it
> show possession ('owning' something
> else that is mentioned)?

14 Ayşe erzählt ihren Freunden etwas über Gastarbeiter. Lesen Sie den Text
und ergänzen Sie ihn mit den fehlenden Verben im Perfekt.

„In den 50er Jahren ᵃ_____ viele Gastarbeiter nach Deutschland _____ (*kommen*), weil

man hier billige Arbeitskräfte ᵇ_____ _____ (*brauchen*). Oft ᶜ_____

sie in ihrem Heimatland keine Arbeit _____ (*haben*) und in Deutschland ᵈ_____

sie genug Geld _____ (*verdienen*), um einen Teil davon ihren Familien nach Hause zu schicken.

Später ᵉ_____ einige der Gastarbeiter ihre Familien nach Deutschland _____

(*holen*). Ihre Kinder ᶠ_____ in deutsche Schulen und Kindergärten _____ (*gehen*) und

ᵍ_____ auf diese Weise Deutsch _____ (*lernen*). Daher ʰ_____ es für sie viel

leichter _____ (*sein*), Deutsch zu sprechen, als für ihre Eltern."

15 Gemischtes Allerlei! Lesen Sie die folgenden Sätze und ergänzen Sie die
fehlenden Wörter in der richtigen Form.

a _____ die Tür _____! Es ist so heiß hier. (*to open,* imperative, singular informal)

b Warum _____ du dich nur samstags mit Freunden treffen? (*to be allowed to,* present)

c Wann _____ die Künstler ihre Ausstellung _____? (*to open,* future)

d Würdest du _____ oder _____ Jacke nehmen? (*this, that*)

e Was machen eure Austauschpartner jetzt und wie geht es _____? (*them*)

f Wir haben Glück – die Aufführung des Theaterstücks _____ noch nicht _____.
(*to begin,* perfect)

1 Übersetzen Sie die folgenden Wörter und Ausdrücke ins Englische.

a die eigenen Grenzen kennen

_____

b jemanden kennenlernen

_____

c ein großes Allgemeinwissen haben

_____

d Verständnis für etwas haben

_____

e sich um etwas kümmern

_____

f Zugang haben zu etwas

_____

g seine Privatsphäre schützen

_____

h etwas aus Gewohnheit machen

_____

i Erfahrungen austauschen

_____

j auf etwas Einfluss haben

_____

> ✓ **Tipp**
> - The more words and expressions you know, the easier you will find translation exercises.
> - When learning new vocabulary, make sure you learn the exact meaning or meanings.
> - When using a dictionary, read all the definitions and examples before deciding which one is the appropriate word for the context.
> - When learning a new verb which is followed by a preposition, learn whether the preposition is the same or different in English, for example: _teilnehmen an_ = to take part **in.**

2 Übersetzen Sie die folgenden Sätze ins Englische.

a Seine kleine Schwester wollte lieber bei der Mutter wohnen.

_____

_____

b Meine Eltern haben mich nie nach meinen Freunden gefragt.

_____

_____

c Sie haben in der Schule gelernt, wie man sich vor Cybermobbing schützen kann.

_____

_____

d Nach der Scheidung seiner Eltern zog er mit seinem Vater nach Österreich.

_____

_____

e Bei Jugendlichen aus der Schweiz sind soziale Netzwerke sehr beliebt.

_____

_____

3 Übersetzen Sie diesen Text ins Englische.

Wie alt sollte man sein, wenn man eine Beziehung eingeht? Mindestens 16, sagen die Einen. Es kommt darauf an, hört man von Anderen. Vielleicht hängt es wirklich von jedem Einzelnen ab? Manche Jugendliche im Alter von 16 oder 17 sind verantwortungsbewusster als junge Erwachsene. Die Vorstellungen, die jeder von einer Beziehung hat, spielen auch eine Rolle. Wenn man realistische Erwartungen an seinen Freund/seine Freundin hat, ist eine erfolgreiche Beziehung wahrscheinlicher.

✓ Tipp
Remember that there are different ways to translate the conjunction *wenn*. It can be used like 'if' to introduce a hypothetical situation, or it can be used in a similar way to the word 'when'.

4 Übersetzen Sie diesen Text ins Englische.

Seit mehr als 20 Jahren machen sie Musik, die Donots, eine deutsche Punkband. Ihre Musik ist nicht nur in europäischen Ländern wie Italien oder Österreich beliebt, sondern auch in Japan, wo sie mehrere erfolgreiche Touren erlebten. Ihr Traum, auch in den USA bekannt zu werden und dort aufzutreten, gelang ihnen 2012, nachdem das Album „Wake the Dog" in Amerika veröffentlicht wurde. Als sie dann tatsächlich in Los Angeles in einem ausverkauften Saal auftraten, wurde ihr Traum Wirklichkeit.

5 Übersetzen Sie diesen Text ins Englische.

Niemand will Opfer von Cyberkriminalität werden. Die folgenden Ratschläge sollten Sie beachten:

- Vergewissern Sie sich, dass Ihre Daten gut geschützt sind!
- Seien Sie vorsichtig, wenn Sie unerwartete Rechnungen oder Mahnungen erhalten!

Und hier noch wichtige Hinweise für jugendliche Internetnutzer:

- Stellt keine Info über Wohnort, Geburtsdatum, Telefonnummern und Mailadresse in soziale Netzwerke ein!
- Überprüft, wer eure Daten sehen kann!
- Vorsicht bei Party- oder anderen Veranstaltungseinladungen!

1 Wie sagt man auf Deutsch?

a   to follow a career _____

b   I find it annoying _____

c   don't miss out _____

d   this is not the case _____

e   from a Turkish background _____

f   to be fun _____

g   our social environment _____

h   useless waste of time _____

i   all over the world _____

j   to enjoy the evening _____

✅ Tipp

When translating into German:
- Find the verb and the subject.
- Check the tense of the verb.
- Check if the verb is followed by a certain case.
- Look out for any prepositions and check which case they use.
- Look up any unknown words and write out a vocabulary list which you can learn afterwards.
- Remember German word order – in main clauses the verb is the second idea.
- Remember that certain conjunctions send the verb to the end.
- Pay attention to how adverbs or adverbial phrases are usually ordered: time–manner–place.

2 Übersetzen Sie die Sätze ins Deutsche. Beachten Sie auch den Tipp.

a   She gets on well with her parents on the whole.

_____

b   "Please be sensible", the travel guide advised the young people.

_____

c   In the coming years the internet is going to expand even more.

_____

d   Years ago the family lived in a caravan on the south coast of Wales.

_____

e   Whether or not he buys a new smartphone depends on the price.

_____

f   My father does a lot of cooking compared with my uncle.

_____

g   Don't lose the ticket! It cost a lot of money, Oli.

_____

h   I have to say that arguing with friends can be stressful.

_____

3 Übersetzen Sie diesen Text ins Deutsche.

Where are the German fashion designers? Apart from Karl Lagerfeld, there is certainly a lack of well-known names and no fashion metropolis here. Those who want to present a new collection do not show it in Munich, but in Milan. Berlin is famous for its history, not its shopping centres. On the other hand, there are of course many Germans who are interested in fashion and have their own style.

_____

_____

_____

_____

_____

_____

_____

4 Übersetzen Sie diesen Text ins Deutsche.

Young people today often lack the opportunity to learn an instrument or make music together because private music tuition is expensive and music projects in general are not a priority in all schools. The project "Making music together" is about learning different pieces of music and performing them afterwards in front of parents or friends. In this way not only creativity is promoted, but also perseverance and fun making music.

> ✅ **Tipp**
>
> The verb _fehlen_ is used to express 'to lack'. Be careful: in this sense it is used as an impersonal expression with _es_, e.g. _es fehlt mir (an etwas)_.

_____

_____

_____

_____

_____

_____

5 Übersetzen Sie diesen Text ins Deutsche.

Switzerland belongs to those countries which have a high quality of life and an excellent health service. It is therefore no surprise that many Swiss families claim to be happy. People in Switzerland marry quite late. On average women are 29 and men at least 30 when they get married. This is unfortunately no guarantee of success as more than 50 per cent of marriages end in divorce. Most families live in comfortable rented flats because the cost of living is very high and they cannot afford a house of their own.

> ✅ **Tipp**
>
> You can often use more than one conjunction to convey the same idea. _Weil, da_ and _denn_ ('because', 'since', 'as') can all introduce a reason that justifies another statement.

_____

_____

_____

_____

_____

_____

Grammatik

Formation of the passive

The passive is formed by using the appropriate form of *werden* + the past participle of the verb. It can be used in all tenses:

present	*Die Ausstellung **wird eröffnet.***	The exhibition is opened.
imperfect	*Die Ausstellung **wurde eröffnet.***	The exhibition was opened.
perfect	*Die Ausstellung **ist eröffnet worden.***	The exhibition has been opened.
pluperfect	*Die Ausstellung **war eröffnet worden.***	The exhibition had been opened.
future	*Die Ausstellung **wird eröffnet werden.***	The exhibition will be opened.

Der Mann wird von dem Hund gebissen.

1 Ergänzen Sie diese Sätze mit dem Verb in Klammern.

a Alle Ausstellungen im Rathaus _____ letztes Jahr gut _____. (*were visited*)

b Viele Weihnachtsmärkte _____ speziell für Touristen _____ _____. (*have been organised*)

c Am Ende des Tages _____ fast alles _____ _____. (*had been sold*)

d Darüber _____ unbedingt in der Zeitung _____ _____. (*must be reported*)

2 Schreiben Sie die Sätze im Aktiv in das Passiv um.

Beispiel:

> The accusative object in the active sentence becomes the nominative subject of the passive sentence.

Mein Bruder zündete die Kerzen an. → Die Kerzen wurden von meinem Bruder angezündet.

> Check the tense of the verb – here: imperfect.

> The subject in the active sentence becomes the agent in the passive sentence.

a Traditionen fördern den Gemeinschaftssinn in einer Gesellschaft.

_____

b Surrealismus und Kubismus haben die Gemälde von Paul Klee beeinflusst.

_____

c Die Künstlergruppe *Der Blaue Reiter* produzierte viele bedeutende Kunstwerke.

_____

d In den nächsten Jahren wird man vor allem die nachhaltige Bauweise weiter entwickeln.

_____

e In vielen deutschen Städten veranstaltet man jedes Jahr am 11. November einen Laternenumzug.

_____

_____

Grammatik

Modal verbs with the passive

If you combine a modal verb with the passive you always use the passive infinitive: *werden* + past participle.

The modal verb changes according to the tense you want to use.

*Das **muss** noch einmal diskutiert werden.* This **has to** be discussed again.

*Er **wollte** getröstet werden.* He **wanted** to be consoled.

Tipp

There are two ways to express by whom the action in a passive sentence is performed:

- The action is by a person or animal: use ***von** + dative*

  *Das Fest wird **von** der Gemeinde organisiert.* The party is organised **by** the community.

- Otherwise: use ***durch** + accusative*

  *Das Haus wurde **durch** ein Unwetter zerstört.* The house was destroyed **by** a storm.

In order to avoid the passive when there is no specific agent for the action, you can use the *man* form instead:

An Weihnachten wird viel Lebkuchen gegessen.

*An Weihnachten **isst man** viel Lebkuchen.*

1 Bilden Sie aus den Infinitiven die angegebene Verbform im Imperfekt.

a müssen (*du*) _____

b sein (*ihr*) _____

c können (*sie, sing.*) _____

d mögen (*ich*) _____

e haben (*man*) _____

f dürfen (*wir*) _____

g wollen (*er*) _____

h haben (*du*) _____

i sein (*sie, pl.*) _____

2 Welches Modalverb passt hier am besten? Benutzen Sie das Imperfekt.

a Wir _____ unbedingt bei der Eröffnung des neuen Kinos dabei sein.

b _____ du gar keine der Matheaufgaben beantworten? Das ist echt schade!

c Obwohl sie 18 war, _____ sie nicht in die Disko.

d Ich _____ eigentlich ins Kino, _____ aber zuerst meine Hausaufgaben fertig machen.

e Sie _____ sich gestern Abend treffen, aber es hat nicht geklappt.

f Seine Freundin hatte für ihn gekocht, doch er _____ weder das Hauptgericht noch das Dessert.

g Warum _____ du die Sendung nicht? Du _____ sie doch sehen, oder nicht?

h Die Eltern meiner Austauschpartnerin _____ nicht nur Englisch gut verstehen, sondern auch Chinesisch.

> **⌨ Grammatik**
>
> To form the imperfect of regular/weak verbs use the stem of the verb and add *(e)t* + the required ending.
>
> *Ich feierte gestern Abend und meine Schwester feierte gestern Nachmittag.*
>
> For irregular/strong verbs remember the different set of endings and the vowel change.
>
> *Ich nahm ein Stück Kuchen, meine Schwester nahm drei!*

3 Schreiben Sie den folgenden Abschnitt im Imperfekt. Der Text enthält regelmäßige, unregelmäßige, Modal- und Hilfsverben.

Endlich treffen meine Freunde und ich eine Entscheidung. Alle sind damit einverstanden. Wir wollen in den Sommerferien eine Woche nach Berlin fahren. Da wir alle in der Oberstufe Deutsch lernen und bald Abitur machen, hoffen wir, besonders unsere Grammatik verbessern zu können. Zuerst brauchen wir natürlich eine Unterkunft. Glücklicherweise finden wir ein günstiges Vier-Bett-Zimmer ganz in der Nähe des Alexanderplatzes, was wir auch nehmen. Dann suchen wir einen Billigflug. Wir müssen aber schnell buchen, weil es gerade so billig ist. Meine Mutti kennt sich gut in Berlin aus und gibt uns Tipps, was wir uns ansehen sollen, aber auch was wir nicht machen dürfen.

_____

_____

_____

_____

_____

_____

_____

_____

_____

_____

_____

> **⌨ Grammatik**
>
> Modal verbs and the auxiliary verbs *haben* and *sein* are used more frequently in the imperfect than in the perfect tense.
>
> Modal verbs in the imperfect tense send the verb in the infinitive to the end of a clause or sentence.
>
> *dürfen*   *ich durfte* I was allowed to
>
> *können*   *du konntest* you were able to
>
> *müssen*   *wir mussten* we had to
>
> *sollen*   *ihr solltet* you were (meant) to
>
> *wollen*   *sie wollten* they wanted to
>
> *mögen*   *er/sie/es/man mochte* he/she/it/one liked
>
> Note: *mögen* is usually followed by a direct object, rather than a verb in the infinitive.

1a Schreiben Sie die folgenden Sätze um, indem Sie das Verb in Klammern benutzen.

a   Die Familie bezahlte viel Geld für die neuen Möbel. (*Geld ausgeben*)

_____

_____

b   Sie überlegt sich die Vor-und Nachteile eines Studiums an einer Kunsthochschule. (*nachdenken über …*)

_____

_____

c   Nächste Woche beginnen die Vorbereitungen für die diesjährige Weihnachtsfeier. (*anfangen*)

_____

_____

d   In der Diskussion um die Organisation des Sommerfestivals erwähnte man viele aufregende Ideen. (*vorschlagen*)

_____

_____

2 Welche Verben sind untrennbar, welche nicht? Schreiben Sie *T* oder *U* in die Tabelle und übersetzen Sie die Verben ins Englische.

		Übersetzung			Übersetzung
behaupten	U		losfahren		
empfangen			übersehen		
feststellen			unternehmen		
heraussteigen			zurückkehren		

3 Ergänzen Sie die Satzpaare mit dem richtigen Verb.

a   Wir haben jedes Jahr eine andere Hauptstadt _____.

Wir haben die ganze Stadt nach ihm _____.

(*besuchen/absuchen*)

b   Wenn du dich in der Stadt _____, wirst du das nette Café finden.

Es ist im Zentrum und wirklich nicht zu _____.

(*übersehen/umsehen*)

c   Der Mond _____ schon _____! Wie spät ist es?

Wirklich, schon so spät! Wie schnell doch die Zeit _____.

(*vergehen/untergehen*)

d   Was _____ du?

Wo hast du dein Rad _____?

(*abstellen/bestellen*)

Grammatik

Many verbs in German are made up of a basic verb and a prefix. Some of these prefixes are separable and split the verb in two parts, others not.

An- is one of the separable prefixes which are sent to the end of a main clause or sentence.

*anbieten: Er **bietet** mir ein leckeres Stück Kuchen **an**.*

Ver- is one of the inseparable prefixes.

*verbieten: Er **verbietet** mir, das Stück Kuchen zu essen.*

Tipp

To decide whether a prefix is separable or not, note that a lot of separable prefixes are prepositions or adverbs such as:

ab, an, auf, aus, bei, fest, fort, nach, vor, weg, weiter, zu, zurück

Most inseparable prefixes are not prepositions and cannot be used on their own, such as:

be-, ent-, er-, miß- ver-, zer-,

There are, however, some dual prefixes such as *unter-* and *über-*. The prefix is always stressed in a separable verb (*unterbringen*), but not in an inseparable verb (*unternehmen*).

Grammatik

When forming the past participle of most separable verbs, insert *-ge-* between the prefix and the basic verb.

*teilnehmen: Wir haben alle an der Theateraufführung **teilgenommen**.*

With inseparable verbs you do not use the *-ge-* at all.

*unternehmen: Letztes Wochenende haben wir vieles gemeinsam **unternommen**.*

1 Ergänzen Sie die Sätze mit der richtigen Verbform.

a Wir _____ _____ warm
_____, da das Konzert im Freien war. (*sich anziehen*, imperfect)

b Ich _____ _____ über meinen
Freund, weil er zu spät kam. (*sich ärgern*, imperfect)

c Meine Eltern _____ _____ auf
das Wochenende in Berlin sehr _____. (*sich freuen*, perfect)

d Ihr _____ _____ bei der
Geburtstagsparty sicher gut _____. (*sich amüsieren*, future)

e Sein Bruder _____ _____ nie.
(*sich duschen*, present)

f Kannst du _____ darüber nicht mit deinen Eltern
_____? (*sich unterhalten*, infinitive)

g Ihre kleine Schwester _____
_____ die ganze Zeit mit ihrem Bruder
_____. (*sich streiten*, perfect)

h Ihr _____ _____ total in den
Mathestunden, stimmt's? (*sich langweilen*, present)

i Wir _____ _____ schon immer
für Fremdsprachen _____. (*sich interessieren*, perfect)

2 Schreiben Sie die Sätze in der richtigen Reihenfolge. Fangen Sie mit dem <u>unterstrichenen</u> Wort an.

a ein dir Leben Auto vorstellen <u>Kannst</u> ohne du ?
_____

b ihres gelang zu ihr Samstagsjob <u>Trotz</u> es einen finden Alters .
_____
_____

c <u>Schon</u> wir der als Uni waren an , für interessierte sich er Umwelt die .
_____
_____

d ignorierten und sich sie begrüßten total nicht sich <u>Leider</u> .
_____
_____

3 Welche Satzhälften passen zusammen?

a Dass du den Zug verpasst hast,

b Obwohl die Klassenarbeit ziemlich schwer war,

c Leider wird er den Wettkampf nicht gewinnen, denn

d Immer nur Deutsch zu sprechen,

e Ob ihr nach Österreich oder in die Schweiz fahrt,

i es fehlt ihm an Durchhaltevermögen.

ii tut mir wirklich leid.

iii fiel uns anfangs nicht leicht.

iv ist mir egal.

v gelang es ihr, die beste Note zu bekommen.

Grammatik
Reflexive verbs

Many of the reflexive verbs in German are not reflexive in English.

Ich erinnere mich noch gut an das Musikfestival letzten Sommer.
I **remember** the music festival last summer well.

Some reflexive verbs are followed by the reflexive pronoun in the accusative, some by the reflexive pronoun in the dative.

accusative: *Ich ziehe mich an.*
dative: *Ich kann mir das nicht vorstellen.*

Grammatik
Reflexive pronouns

The reflexive pronouns in the accusative are as follows:
sich freuen to be glad
ich freue mich — *wir freuen uns*
du freust dich — *ihr freut euch*
er/sie/es freut sich — *Sie/sie freuen sich*

The reflexive pronouns in the dative are as follows:
sich erlauben to allow oneself to do something
ich erlaube mir — *wir erlauben uns*
du erlaubst dir — *ihr erlaubt euch*
er/sie/es erlaubt sich — *Sie/sie erlauben sich*

Grammatik
Impersonal verbs

There are many impersonal verbs in German. Their subject is *es* and the verb is usually followed by a personal pronoun in the dative case:
es fehlt mir an Erfahrung — I lack experience
es gelingt dir — you succeed
es geht ihm/ihr gut — he/she is well
es tut uns leid — we are sorry
es gefällt euch nicht — you don't like it
es ist ihnen egal — they don't mind

1 Was passt zusammen?

a	sodass	i	as soon as
b	aber	ii	as
c	damit	iii	but
d	obwohl	iv	whether
e	sobald	v	but (after a negative statement)
f	da	vi	so that
g	ob	vii	in order that
h	sondern	viii	although

2 Welche Konjunktion ist richtig? Warum?

a Sie findet nicht alle Traditionen gut, **denn / da** manche nur zum Geldausgeben verführen.

_____

b Manche Feste sind international bekannt, **während / aber** andere nur in bestimmten Regionen gefeiert werden.

_____

c Manchmal ist nicht klar, **wie / und** es zu einem bestimmten Brauch kam.

_____

d **Obwohl / Denn** in Deutschland jeder Karneval kennt, wird er nicht überall gefeiert.

_____

e Meine Eltern feiern Fastnacht eigentlich nicht, **aber / sondern** schauen sich lieber Sportsendungen im Fernsehen an.

_____

3 Bilden Sie aus den beiden Sätzen mit Hilfe der Konjunktion in Klammern einen einzigen Satz.

a Wien hat eine lange Tradition als Stadt internationaler Architektur. Viele berühmte Architekten studierten dort. (_denn_)

_____

b Ich werde auf jeden Fall das Brücke-Museum besuchen. Ich verstehe nicht sehr viel von Kunst und Malerei. (_obwohl_)

_____

c Er will sich den Kunstführer für die Museen Berlins kaufen. Er kann sich später alles noch einmal durchlesen. (_damit_)

_____

d Meine Schwester ist sich nicht sicher. Die Ausstellung wird ihrem Freund gefallen. (_ob_)

_____

e Sie können das Quiz über moderne Kunst gewinnen. Sie müssen sich noch viel besser darüber informieren. (_bevor_)

_____

Grammatik

Conjunctions and word order

To produce longer sentences you need to use conjunctions, words which link two clauses. The co-ordinating conjunctions _aber, denn, oder, sondern_ and _und_ link two main clauses and do not change the word order.

Wir freuen uns sehr auf Berlin, **denn** wir **waren** noch nie dort.

There are also subordinating conjunctions, which send the verb to the end of the second clause, such as _als, bevor, bis, da, damit, dass, nachdem, obwohl, während, weil_ and _wenn_.

Wir freuen uns sehr auf Berlin, **da** wir noch nie dort **waren**.

Grammatik

If a sentence starts with a subordinate clause, the subject and verb of the main clause are inverted. This is the so-called **'verb – comma – verb'** word order:

**Da** wir noch nie in Berlin **waren**, **freuen** wir uns sehr darauf.

Tipp

When using question words indirectly, the verb is also sent to the end:

Wir wissen nicht, **warum** der Zug Verspätung **hat**.

Er ist sich nicht sicher, **wen** er fragen **soll**.

1 **Ergänzen Sie die kurzen Sätze mit dem richtigen Wort aus dem Kasten unten.**

a Dieses Jahr war der Juni viel _____ als zuvor.

b Aber der _____ Sommermonat war auf jeden Fall der Juli.

c In Südengland war es _____ nass wie in Nordengland.

d Und in Schottland war es _____.

> am kältesten kälter nicht so kälteste

e Das Fach Kunst habe ich _____ wie Naturwissenschaften.

f Meine beste Freundin mag Mathe _____ als Kunst.

g Ihre _____ Lehrerin ist die Mathelehrerin.

h Das finde ich unglaublich – ich mag Fremdsprachen _____.

> liebste am liebsten genauso gern lieber

2 **Ergänzen Sie die Lücken mit dem richtigen Komparativ oder Superlativ.**

a In Deutschland beginnt die Weihnachtszeit eigentlich _____ _____ in England, und zwar mit dem Advent. (*earlier than*)

b In England gibt man sich die Weihnachtsgeschenke am 25. Dezember, also einen Tag _____ in Deutschland. (*later than*)

c In den _____ deutschen Familien bäckt man in den Wochen vor Weihnachten viel Weihnachtsgebäck. (*most*)

d Das Weihnachtsfest in Deutschland ist _____ _____ in England, wo man _____ Partys feiert. (*more contemplative* = besinnlich *than, more*)

e _____ ist Weihnachten natürlich für Kinder – egal ob in Deutschland oder England. (*most beautiful*)

f Meine _____ Schwester singt am Heiligen Abend immer gern Weihnachtslieder, aber mit meiner _____ Schwester klappt das nicht. (*younger, older*)

g Weihnachten ist ein traditionelles Fest – wo ist es _____ _____? Einfach da, wo man sich zu Hause fühlt. (*best*)

⊞ Grammatik

Adjectives and adverbs can be used in the comparative and superlative forms.

*Die Gebäude von Hans Hollein finde ich **besser** als die Gebäude von Zaha Hadid. (adverb)*
I find the buildings of Hans Hollein **better** than Zaha Hadid's.

*Daher halte ich Hans Hollein für den **besseren** Architekten. (adjective)*
Therefore I consider Hans Hollein the **better** architect.

Comparative and superlative adjectives need the appropriate adjectival ending.

⊞ Grammatik
The comparative

To form the comparative add *-er* to an adverb and *-er* + ending to an adjective:

*klein → klein**er** – ein klein**eres** Haus*

Most words of one syllable have an *umlaut* in the comparative:

*alt → **ä**lter – das **ä**ltere Kind*

There are some adjectives/adverbs with irregular comparative forms:

gut → besser	*gern → lieber*
hoch → höher	*viel → mehr*

✓ Tipp

If you want to say 'just as … as' you can use:

genauso … wie	*Dieses Bild ist **genauso** groß **wie** das hier.*
ebenso … wie	*Er isst Obst **ebenso** gern **wie** Schokolade.*
so … wie	*Der Turm ist **so** hoch **wie** der Baum.*

To say 'not as … as' use:

*nicht so … wie Sein Bild ist **nicht so** gut **wie** deins.*

⊞ Grammatik
The superlative

To form the superlative of an adjective add *-ste* (or *-este* for easier pronunciation) and then the appropriate ending, depending on gender and case.

*Hier ist das teuer**ste** Gemälde.*

*Er sprach mit dem berühmt**esten** Maler.*

Adverbs in the superlative tend to be at the end of a sentence. To form the superlative use *am* + *-(e)sten.*

*Dieses Bild kostet **am** wenig**sten.***

Irregular forms:

gut → am besten	*gern → am liebsten*
nah → am nächsten	*viel → am meisten*

1a Wählen Sie die richtige Plusquamperfekt-Form des Verbs.

a Nachdem er ein Freiwilliges Soziales Jahr in Afrika gemacht **hatte / hat**, begann er sein Universitätsstudium.

b Bevor er die Prüfung im Fach Deutsch ablegte, **hatte / war** er noch einen Monat bei seinem deutschen Freund in Freiburg verbracht.

c Sie **hatte / war** schon als Kind immer viel Theater gespielt und daher war niemand überrascht, dass sie Schauspielerin wurde.

d Der kleine Junge **war / hatte** auf den Baum geklettert, weil er vor dem Hund im Garten Angst hatte.

e Wir **hatten / waren** uns schon wieder unsere Mäntel ausgezogen, bevor wir im Haus waren.

1b Extra: Übersetzen Sie die Sätze ins Englische.

2 Vervollständigen Sie die Sätze mit dem Verb in Klammern. Benutzen Sie das Plusquamperfekt.

a Er _____ seine Ausbildung in seiner Heimatstadt _____, weil er Geld für die Miete sparen wollte.
(*machen*)

b Meine Schwester _____ schon immer _____, im Ausland zu studieren. (*vorhaben*)

c Die Polizei _____ die Studenten drei Stunden lang _____, bevor sie nach Hause gehen durften.
(*festhalten*)

d Der Architekt _____ extra aus der Schweiz _____, um die Pläne mit dem Klienten zu besprechen.
(*kommen*)

e Wir waren froh, dass wir zu Hause _____ _____, sonst wären wir auch vom Regen überrascht worden. (*bleiben*)

> ### ⚡ Grammatik
>
> The pluperfect tense is used to describe something which had happened further back in the past and/or before something else which also happened in the past.
>
> It is formed using the imperfect of *haben* or *sein* plus the past participle of the verb.
>
> *Vor vier Jahren **hatten** sie schon einmal Berlin **besucht**. Damals **waren** sie **geflogen**, aber dieses Mal fuhren sie mit dem Zug.*
> They **had** already **visited** Berlin four years before. They **had flown** that time but this time they took the train.

> ### ✅ Tipp
>
> The pluperfect is often used with the subordinating conjunction *nachdem* or *bevor*.
>
> ***Bevor** wir wieder nach Hause fuhren, **waren** wir noch auf dem Ku'damm einkaufen **gegangen**.*
>
> *Der Zug fuhr erst ab, **nachdem** der Schaffner alle Fahrscheine **geprüft hatte**.*
>
> Make sure you know whether the verb you want to use takes *haben* or *sein*. The best thing is to learn it when you learn a new verb.

---

3 Was ist hier falsch? Verbessern Sie die Fehler. Die Anzahl an Fehlern steht in den Klammern.

Beispiel:

Meine Freundin ~~hatte~~ in finanzielle Schwierigkeiten geraten, weil sie zu viel Geld ausgab. (*1*)

    war _____

a In Wien hatte meine Familie und ich viele Sehenswürdigkeiten gebesichtigt. (*2*)

_____

b Tim hatte keine Probleme gehabt, einen Job in Italien zu finden, da er Italienisch sprach. (*1*)

_____

c Die ganze Klasse feierte mit einer Riesenparty, nachdem alle das Abitur bestanden hatte. (*1*)

_____

d Obwohl der Intendant an verschiedenen Theatern viel Erfahrung gesammeln hatte, war nicht viele Zuschauer zur Premiere seines neuen Theaterstücks gekommt. (*3*)

_____

Grammatik

When adjectives are used before nouns they need an ending which depends on the noun's gender, case and number (i.e. singular or plural). The article preceding a noun also affects adjectival endings.

*Es war **eine** anstrengend**e** **Fahrt**.* (indefinite article, feminine singular noun, nominative)

When adjectives are not immediately followed by a noun they never have an ending.

*Die Fahrt war **anstrengend**.*

Use the following adjectival endings after the definite article:

	m	f	n	pl
nom	-e	-e	-e	
acc		-e	-e	
gen	**-en**			
dat				

As you can see, the endings are mostly *-en*, which makes it easier to learn the exceptions.

These endings are also used after *dieser, jeder, jener, welcher.*

---

1 Begründen Sie die Adjektivendungen in den folgenden Sätzen. Wählen Sie die richtige Beschreibung aus dem Kasten.

> nominative plural   genitive plural   dative neuter   accusative masculine

a In Berlin gibt es das Denkmal <u>der ermordeten</u> <u>Juden</u>.

_____

b Mich haben <u>die vielen Gedenkstätten</u> sehr beeindruckt.

_____

c Das Sinti und Roma Denkmal erinnert an <u>den grausamen Völkermord</u> der Nazis.

_____

d In <u>dem ehemaligen Gefängnis</u> Hohenschönhausen waren tausende politisch Verfolgte in Haft.

_____

---

2 Übersetzen Sie den fettgedruckten Satzteil ins Deutsche.

a Berthold Brecht was **a famous German playwright**.

_____

b One of his plays is about **a young woman** who mistrusts the Nazis. (*is about* = geht um)

_____

c **Another successful play** is called "Mutter Courage und ihre Kinder".

_____

d **With his political theatre** he wanted to change the world.

_____

Grammatik

After the indefinite article, adjectives use the following endings:

	m	f	n	pl
nom	-er	-e	-es	
acc		-e	-es	
gen	**-en**			
dat				

These endings are also used after *kein* and possessive adjectives such as *mein.*

---

3 Ergänzen Sie die richtigen Adjektivendungen.

a In einer multikulturell_____ Stadt wie Berlin spielt der Karneval der Kulturen jedes Jahr eine groß_____ Rolle.

b Die Berliner ziehen in ihren bunt_____ Kostümen durch die belebt_____ Straßen.

c Nach dem Fall der Berliner Mauer wurde das alt_____ jüdisch_____ Viertel restauriert.

d Der Berliner Vorort Spandau ist eines der Zentren des jüdisch_____ Lebens hier.

e Der „Christopher Street Day" (CSD) gibt den Teilnehmern ein neu_____ Wir-Gefühl und ist dank des einmalig_____ Engagements aller ein riesig_____ Erfolg.

1 **Was passt zusammen?**

a	ohne mit der Wimper zu zucken	**i**	in order to become famous
b	anstatt zur Schule zu gehen	**ii**	to plan to go to the cinema
c	außer den Tisch zu decken	**iii**	to intend to write a book
d	um bekannt zu werden	**iv**	without batting an eyelid
e	vorhaben, ins Kino zu gehen	**v**	apart from laying the table
f	beabsichtigen, ein Buch zu schreiben	**vi**	instead of going to school

2 **Wählen Sie die richtige Antwort.**

a Meine Freunde und ich wollen zum Oktoberfest nach München **zu fahren / fahren**.

b Wir beabsichtigen ein langes Wochenende **bleiben / zu bleiben**.

c Hoffentlich können wir ein billiges Hotel **zu finden / finden**.

d Wenn alles klappt, wollen wir natürlich auch die Sehenswürdigkeiten von München **besichtigen / zu besichtigen**.

e Außerdem haben wir vor, nur Deutsch **zu sprechen / sprechen**.

3 **Verbinden Sie die folgenden Sätze mit *um … zu, ohne … zu, anstatt … zu* oder *außer … zu*.**

a Sie kaufen sich einen Reiseführer. Sie wollen unabhängig die Stadt erkunden.

_____

_____

b Sie geht lieber zu Fuß. Sie fährt nicht mit der Straßenbahn.

_____

_____

c Er überquert die Straße. Er achtet nicht auf den Verkehr.

_____

_____

d Wir sehen jede Woche einen deutschen Film. Wir möchten unser Deutsch verbessern.

_____

_____

e Du hast nichts mehr zu tun. Du musst nur noch das Abendessen kochen.

_____

_____

⊞ Grammatik

Modal verbs (*müssen, können, wollen* etc.), verbs of perception (*hören, sehen, fühlen* etc.) and *lassen* are followed by an infinitive **without** *zu*.

*Wir **wollen** das Osterfest dieses Jahr in Österreich **feiern**.*

*Er hat das nicht **kommen sehen**.*

*Ich **lasse** mir nichts **vorschreiben**.*

⊞ Grammatik

Most verbs are followed by an infinitive **with** *zu*. Usually there is a comma before the infinitive construction.

*Ich habe vor, Kunst **zu** studieren.*

*Er versucht jetzt, jeden Morgen früher auf**zu**stehen.*

*Sie beschlossen, vor Ende des Films nach Hause **zu** gehen.*

Impersonal expressions are usually followed by an infinitive **with** *zu*.

*Es lohnt sich nicht, 10 Euro für diese Ausstellung **zu** bezahlen.*

*Es ist angenehm, nach dem Training **zu** duschen.*

⊞ Grammatik

Remember to use the infinitive with *zu* in the following expressions:

um … zu

ohne … zu

anstatt … zu

außer … zu

1 Was passt zusammen?

a Wenn es weniger Arbeitslosigkeit gäbe,

b Wenn der Verkehr nicht so viele Abgase produzierte,

c Wenn mein Bruder nicht mit dem Flugzeug reisen müsste,

d Wenn meine Eltern ein größeres Haus hätten,

i wäre die Luft frischer.

ii würde ich alle meine Freunde einladen.

iii ginge er nach Amerika.

iv wäre die Gesellschaft zufriedener.

2 Ersetzen Sie das Konditional in den folgenden Sätzen durch den Konjunktiv II.

a Sie würde die größere Wohnung nehmen, wenn sie mehr Geld verdiente.

b Ich würde mehr zu Fuß gehen, wenn es weniger regnete.

c Sie würden mehr Freunde haben, wenn sie weniger vor dem Fernseher sitzen würden.

d Er würde gern nach Berlin ziehen, wenn er ein billiges Zimmer finden würde.

3 Schreiben Sie die folgenden Sätze im Konjunktiv II. In welchen zwei Sätzen kann man den Konjunktiv durch das Konditional ersetzen, damit der Satz natürlicher klingt?

a Wenn sie in der Schweiz studieren kann, spart sie die Studiengebühren.

b Wenn mein Vater mehr Talent hat, kann er seine eigene Ausstellung organisieren.

c Wenn wir ins Ausland reisen dürfen, sollen wir eine Europatour machen.

d Wenn er die Wahl zwischen Zug und Auto hat, wählt er sicher den Zug.

Grammatik

The imperfect subjunctive (or *Konjunktiv II*) is often used to describe something which could happen but is not currently true/real.

Wenn er ins Kino ginge, nähme er uns im Auto mit. If he went to the cinema, he would take us in the car.

Modal verbs and *haben* and *sein* are always used in the imperfect subjunctive in a conditional sentence, e.g. *ich hätte, du wärst, sie könnte/dürfte/möchte, wir wollten/müssten/sollten.*

Grammatik
Forming the imperfect subjunctive

The imperfect subjunctive of **regular** verbs is the same as the imperfect indicative, the ordinary imperfect tense.

Wenn du deine Hausaufgaben regelmäßig machtest, würden sich deine Noten verbessern. If you did your homework regularly, your marks would improve.

To form the imperfect subjunctive of **irregular** verbs, use the stem of the imperfect indicative with the subjunctive endings (see page 54). Add an *umlaut* to the vowel, e.g. *geben: ich gäbe, du gäbest, er/sie/es gäbe, wir gäben, ihr gäbet, Sie/sie gäben.*

Tipp

The use of the imperfect subjunctive can sound formal or stilted, and so it is not always used in spoken language. It can be replaced by the conditional (*würde* + infinitive), for example:

- for regular verbs, because the imperfect subjunctive is the same as the ordinary imperfect tense:

  Wenn du deine Hausaufgaben regelmäßig machtest machen würdest, könntest du deine Noten verbessern.

- in the main clause, to sound more natural:

  Wenn wir ins Kino gingen, sähen würden wir den neuen James Bond Film sehen.

However, it may sound clumsy to use *würde* + infinitive in both clauses.

1 Was wird gemacht? Schreiben Sie die Sätze im Passiv. Benutzen Sie entweder das Präsens oder das Perfekt.

a Die Eltern bringen die Schüler zum Flughafen.

Die Schüler _____

b Man kontrolliert die Reisepässe.

Die Reisepässe _____

c Die Stewardess hat die Sitzplätze verteilt.

Die Sitzplätze _____

d Während des Fluges hat man Getränke angeboten.

Getränke _____

e Der Pilot begrüßt die Flugpassagiere.

Die Flugpassagiere _____

f Am Flughafen Zürich haben die Gastfamilien die englischen Schüler abgeholt.

Die englischen Schüler _____

_____

2 Schreiben Sie die Sätze in der richtigen Reihenfolge. Fangen Sie mit dem unterstrichenen Wort an.

a jeder fast In eigene hat Bezirk Szene seine Berlin , ist da Stadt vielseitig sehr die .

_____

_____

b sie Obwohl kennen gut Deutschland , nie Berlin sie in waren noch .

_____

_____

c ihres in während haben Aufenthalts Traditionen miterlebt Schweiz Sie viele der.

_____

_____

d Berlin in war den für 20er Kunstszene seine weltweit Jahren bekannt.

_____

_____

e die suchten und Wenn Vergnügen Berliner Ablenkung , Kurfürstendamm gingen zum sie .

_____

_____

> ✔ **Tipp**
>
> Subordinating conjunctions (*wenn*, *weil*, *ob*, etc.) always send the verb to the end of the clause. If a sentence begins with a subordinate clause, the main clause that follows will <u>start</u> with a verb, because the verb is always the second 'idea' in a sentence. This creates a 'verb-comma-verb' sandwich in the middle of the sentence.

3 Beantworten Sie die folgenden Fragen mit den Wörtern in Klammern.
Passen Sie auf, nicht alle Verben sind trennbar.

a Was machen Sie, wenn Sie Ihre Freunde zu einer Party bei Ihnen zu Hause
eingeladen haben? (*ich/verschiedene Salate und Snacks/vorbereiten*)

_____

b Alle Ihre Freunde machen bei einer Demonstration gegen Experimente an
Tieren mit. Wie entscheiden Sie sich? (*ich/auch/teilnehmen*)

_____

c Was passiert, wenn Ihr Freund jede Woche zu spät zu seinem Samstagsjob
kommt? (*sein Chef/ihn/entlassen*)

_____

d Was macht Ihre Freundin, wenn sie von der Schule nach Hause kommt? (*sie/
sich entspannen/und/abschalten*)

_____

e Was haben Ihre Geschwister gemacht, als Sie ihnen freie Eintrittskarten zu
einem Festival angeboten haben? (*sie/sie/dankend/annehmen*)

_____

4 Vergleichen Sie die folgenden Städte, Gegenstände oder Personen.
Ergänzen Sie die Sätze mit den Adjektiven in Klammern.

Beispiel: Leicester ist *groß*, aber Birmingham ist *größer* und London ist *am
größten*. (*groß*)

a Die Einwohner von München sind _____, aber

die Einwohner von Hamburg sind _____ und die

Einwohner von Berlin sind _____. (*liberal*)

b Das Gemälde von Käthe Kollwitz ist _____, aber

die Skulptur von Anselm Kiefer ist _____ und das

Bild von meinem Kunstlehrer ist _____. (*gut*)

c Schokolade ist _____, aber Kekse

sind _____ und Bonbons sind

_____. (*lecker*)

d Der Hausberg ist _____, aber der

Feldberg ist _____ und die Zugspitze ist

_____. (*hoch*)

> ✅ **Tipp**
>
> When forming comparative or
> superlative adjectives and adverbs,
> remember that a one-syllable word
> often gains an *umlaut* in the process,
> e.g. *nah* → *näher*. Be aware of words
> whose comparative and superlative
> forms are irregular, such as *gut* and *viel*.

5 Übersetzen Sie diese Sätze ins Deutsche.

a Vienna is the most beautiful city in Austria.

_____

b I find art more interesting than music.

_____

c What is the most popular TV series?

_____

d Who has the cheapest jumper?

_____

e Where is the oldest church?

_____

6 Ergänzen Sie die folgenden Sätze mit dem Verb in Klammern.

a Als er mit seinem Studium anfing,

_____ er _____

nicht, ob es das Richtige für ihn war. (*to ask himself*)

b Wir konnten _____ nicht

_____, eines Tages in Japan zu

arbeiten. (*to imagine*)

c Wenn ihr _____

_____ bei der Demonstration

mitzumachen, wird man eure Reaktion sicher nicht

verstehen. (*to refuse*)

d Kannst du _____ nicht mit deiner

Schwester darauf _____? (*to agree*)

e Ich würde _____ echt

_____, wenn du mich besuchen

kämst. (*to be pleased/excited*)

f Mein Bruder und seine Freundin

_____ _____

schon seit dem Kindergarten! (*to know each other*)

g Ihr habt _____ das

erste Mal _____ und

_____ gleich stundenlang

_____. (*to meet, to have a*

conversation)

7 Schreiben Sie die Sätze um, indem Sie entweder *um … zu, ohne … zu* oder *anstatt … zu* benutzen.

a Die meisten Jugendlichen leben nicht gern ohne ihr Handy.

Die meisten Jugendlichen finden es schwer, _____

_____

b Meine Freunde gehen nicht gern ins Theater. Sie treffen sich lieber in einer Disko.

Meine Freunde treffen sich lieber _____

_____

c Meine Nachbarin muss jeden Tag zwei Stunden mit dem Auto zur Arbeit fahren.

Meine Nachbarin braucht jeden Tag _____

_____

d Wir wollen den Text besser verstehen, also schauen wir viele Wörter im Wörterbuch nach.

Wir schauen viele Wörter im Wörterbuch nach, _____

_____

> **✔ Tipp**
>
> Most verbs are followed by a comma and the infinitive with *zu: Er versucht, uns zu überreden.* Remember the following set expressions:
>
> *um … zu* — in order to
> *ohne … zu* — without
> *anstatt … zu* — instead of
>
> Modal verbs, verbs of perception and *lassen* are an exception, as they are followed by the infinitive with no comma <u>without</u> *zu*.

8 Infinitiv mit oder ohne *zu*? Ergänzen Sie die folgenden Sätze.

a Sie wollen einen Tisch in dem netten kleinen Café

_____. (*to reserve*)

b Wir haben vor, unsere neuen Nachbarn zum Tee

_____. (*to invite*)

c Er beabsichtigt, einen Workshop für einheimische und ausländische Jugendliche

_____. (*to organise*)

d Wir müssen alle mehr für Flüchtlinge

_____. (*to do*)

e Leider war es ihr nicht möglich, den neuen Film

_____. (*to see*), denn sie konnte den Nachmittag nicht dafür frei

_____. (*to take*)

9 Schreiben Sie die folgenden Sätze im Imperfekt.

a Als wir in Wien gewesen sind, haben wir uns natürlich den Prater angeguckt.

_____

b Wir sind mit dem berühmten Riesenrad gefahren und haben eine einmalige Aussicht gehabt.

_____

c Anschließend haben wir uns ein gemütliches Kaffeehaus gesucht, wo wir Apfelstrudel mit Schlagobers gegessen haben.

_____

_____

d Es hat total lecker geschmeckt, aber die Rechnung hat uns überrascht, da alles viel teurer gewesen ist als erwartet.

_____

_____

10 Die Sätze unten sollten eigentlich im Imperfekt sein. Korrigieren Sie die Fehler.
Die Anzahl der Fehler sehen Sie in den Klammern.

Beispiel:

Viele Bürger der kleinen Stadt an der Donau ~~helften~~ den
Zuwanderern bei der Integration. (*1*)

_____*halfen*_____

a Besonders wichtig warst es, dass die Kinder von Zuwanderern in die Schule gehen könnten. (*2*)

_____

b Die Einwanderer, die Deutsch gesprachen, fand schneller eine Arbeit. (*2*)

_____

c Als die Zuwanderer in der Stadt kamen an, müssten sie zuerst in einem Übergangslager übernachteten. (*3*)

_____

d Besonders für junge Frauen mit kleinen Babys waren der Anfang ziemlich schwierig. (*1*)

_____

e Aber ein paar junge Frauen aus der Stadt lud die jungen Ausländerinnen ein und haben unterhalten sich mit ihnen. (*2*)

_____

11 Ergänzen Sie die folgenden Sätze mit der richtigen Form des Konjunktivs II.

a Wenn wir genau _____, dass es morgen nicht regnen wird, _____ wir keinen Regenschirm mitzunehmen. (*wissen, brauchen*)

b Wenn du mehr Zeit _____, _____ du dich mehr über politische Fragen informieren. (*haben, können*)

c Wenn morgen Wahlen _____, _____ ich zum ersten Mal daran teilnehmen. (*sein, können*)

d Deine Freundin _____ sich eigentlich keine Sorgen über die Abiturprüfungen machen, wenn sie sich weniger oft mit dir _____. (*müssen, treffen*)

e In unserer Stadt _____ weniger Wohnungen leer, wenn sie nicht so teuer _____. (*stehen, sein*)

f _____ der Zug Verspätung haben, _____ ihr einfach ein Taxi nehmen. (*sollen, können*)

g Wenn Kinder mehr Bücher _____, _____ ihr Allgemeinwissen besser. (*lesen, sein*)

1 Übersetzen Sie die folgenden Wörter und Ausdrücke ins Englische.

a   es wird gesagt

_____

b   es muss gemacht werden

_____

c   durch ein Erdbeben zerstört

_____

d   von der Königin eröffnet

_____

e   weniger teuer

_____

f   nicht so freundlich wie

_____

g   das traditionellste Fest

_____

h   ohne richtig zu lesen

_____

i   sie haben vor

_____

j   sich gut unterhalten

_____

k   konnte sich nicht entscheiden

_____

l   je größer desto besser

_____

> ✅ **Tipp**
> - When translating, always look up any words you are not 100% certain about.
> - Use a notebook to write them out so that you can learn and refer to them afterwards.
> - When using a dictionary or online translation tools always read the definitions for every sense of the word and the examples given.
> - It is also important to take the context into consideration.

2 Übersetzen Sie die folgenden Sätze ins Englische.

a   Viele Soldaten sind im Krieg durch Bomben getötet worden.

_____

b   Einige wurden jedoch von Ärzten gerettet.

_____

c   Die Einheimischen mussten nichts bezahlen.

_____

d   Durftest du den Film sehen?

_____

e   Ohne auf die anderen zu warten, stieg er in den Zug ein.

_____

f   Wo lernten sie sich kennen?

_____

g   Niemand kümmerte sich um ihn.

_____

3 Übersetzen Sie den Text ins Englische.

Obwohl die Berliner Mauer vor mehr als 25 Jahren fiel, sind
Mauerstücke immer noch ein äußerst beliebtes Souvenir. In
zahlreichen Geschäften werden Mauerstücke in verschiedenen Größen
und Farben zu Preisen zwischen 6 und 100 Euro angeboten. Und wenn
man die Ladenbesitzer fragt, stimmen alle darin überein, dass sich
der Verkauf lohnt. Aber auch online läuft das Geschäft damit gut. Die
Frage, ob diese Teile der Mauer auch wirklich echt sind, bleibt jedoch
unbeantwortet.

> **✓ Tipp**
>
> Translating an adverb formed using *da(r)* +
> preposition can occasionally feel unnatural.
> Remember that, in a test situation, you should
> aim to show that you are taking all elements of
> the original text into account in your translation,
> but this could mean deciding to leave a word
> untranslated if it is not needed.

_____

_____

_____

_____

_____

4 Übersetzen Sie den Abschnitt ins Englische. Das Wort ‚Christkind' brauchen Sie nicht zu übersetzen.

Weihnachtsmärkte gibt es in ganz Deutschland, aber keiner ist so bekannt wie der Nürnberger Christkindlesmarkt. Es heißt
sogar, er sei einer der beliebtesten in der ganzen Welt. Während in England der Weihnachtsmann die Geschenke bringt, ist
es in Deutschland das Christkind, das die Geschenke am Heiligen Abend unter den Christbaum legt. Bei der Eröffnung des
Weihnachtsmarktes geben die Kinder dem Christkind ihre Wunschzettel. Den Erwachsenen soll das Christkind Ruhe in den
vorweihnachtlichen Stress bringen.

_____

_____

_____

_____

_____

_____

5 Übersetzen Sie den folgenden Text ins Englische.

Graffiti findet man meistens an Hauswänden oder an Bahnhofswänden und
Güterzügen – es gehört heutzutage zu fast jeder Stadt. Eigentlich ist Graffiti
verboten, denn es zerstört das Stadtbild. Doch im Frühling 2016 begannen
die Universität Paderborn und das Institut für Technologie in Karlsruhe ein
Forschungsprojekt, das beabsichtigt, die Sprache und die Bilder von Graffiti in
Großstädten wie München und Köln genauer zu untersuchen. Obwohl man
Graffiti hauptsächlich mit bunten Bildern verbindet, sollen über 90 Prozent aus
Wörtern oder sogar Sätzen bestehen. Auf diese Weise können die Sprache und
die Bilder über die Leute in der Stadt Auskunft geben.

> **✓ Tipp**
>
> Don't be intimidated by unfamiliar
> compound words like *Güterzügen*.
> Break them down into their constituent
> parts and translate each element
> so that you can arrive at the overall
> meaning.

_____

_____

_____

_____

_____

_____

1 Wie sagt man auf Deutsch?

a   we had to _____

b   the child was allowed to _____

c   nobody takes part _____

d   it was suggested _____

e   followed by a dog _____

f   disturbed by noise _____

g   has been opened _____

h   as quickly as possible _____

i   less than five _____

j   instead of going to school _____

k   without moving _____

l   was looking forward to _____

> **✓ Tipp**
>
> A quick reminder of the main grammar points which will help you with the translation exercises.
>
> - The passive: 'by' in the passive becomes *von* when referring to people and *durch* when referring to objects.
> - Word order: if a sentence contains a time element and a place element the word order rule is time before place.
> - Infinitive constructions: after modal verbs use the infinitive without *zu*.
> - The imperfect: modal verbs and the verbs *haben* and *sein* tend to be used in the imperfect tense when describing past events.

2 Übersetzen Sie die Sätze ins Deutsche. Beachten Sie auch die Hinweise im Tipp.

a   She had to leave the country.

_____

b   They were not allowed to express their opinion.

_____

c   Why were you not able to stay?

_____

d   We like reading but we like listening to music more.

_____

e   I bought the cheapest map of the town.

_____

f   There are fewer migrants in villages than in cities.

_____

g   Yesterday he drove to school in his new car.

_____

h   These buildings had been designed by a famous architect.

_____

3 Übersetzen Sie den folgenden Abschnitt ins Deutsche.

Did you know that there has been an art supermarket in Vienna for ten years? It opens less than normal shops – for only three months a year. In previous years more than 80 artists from different countries have offered their original works for sale. Customers are able to choose between drawings, paintings and photographs. The prices seem more expensive than in a normal supermarket but if I had the opportunity I would like to go there.

_____

_____

_____

_____

_____

4 Übersetzen Sie den folgenden Abschnitt ins Deutsche.

Traditions in Switzerland are more often regional or even local rather than national. This contributes to the diversity of Swiss cultural life. Throughout the summer months there are popular festivals such as the Waliser cow fights. The area around Lake Geneva is well known for its summer festivals with folk dances and concerts. However, visitors can also try out delicious regional specialities or look forward to beauty contests for cows and choose the most beautiful animal.

> **✓ Tipp**
>
> Often there is more than one way to translate a particular word or phrase. Dictionaries and German-language websites can help you to explore the typical senses and uses of different words to clarify whether there is a 'best possible' translation. In a test situation, go with the wording that you are most confident in using correctly, and which you know matches the original meaning.

_____

_____

_____

_____

_____

_____

_____

5 Übersetzen Sie den folgenden Abschnitt ins Deutsche.

An original project which combines theatre and architecture is currently being planned in Berlin Tempelhof, the city's former airport. The architect is Francis Kéré, who is from Burkina Faso and has been living in Berlin since 2005. His intention is to build a mobile theatre in a contemporary style. The building will have space for around 1000 people and consist of a movable stage. This means that it can be set up inside as well as outside. The architect's most famous work is called "Opera Village" and is being exhibited in Munich over the next few months.

> **✓ Tipp**
>
> When translating passive forms with _werden_, remember that you need to reflect the tense accurately. German has no continuous tenses ('it is being done' is the same as 'it is done'). When there is a modal verb too ('it can be done'), you will need to combine it with _werden_ in the infinitive.

_____

_____

_____

_____

_____

_____

1 Lesen Sie die Sätze und wählen Sie das richtige Wort. Begründen Sie Ihre Entscheidung.

a Mein **Nachbar / Nachbarn** ist wirklich nett. *Grund:* _____

b Der Dozent gab dem **Student / Studenten** einen guten Tipp.

_____

c Wer kennt den **Junge / Jungen**? _____

d Sie wohnte neben dem Haus des **Präsidents / Präsidenten**. _____

e Jeden Montag geht der **Junge / Jungen** zum Bäcker. _____

f Herr Maier war immer **ein guter Kunde / einen guten Kunden**.

_____

> ### 🔑 Grammatik
>
> A small number of masculine nouns add an -*n* or -*en* in the accusative, dative and genitive singular, as well as in all cases in the plural. These include: *Bauer, Elefant, Experte, Junge, Held, Herr, Kollege, Kunde, Mensch, Nachbar, Präsident, Sklave, Soldat, Soziologe.*
>
> | | |
> |---|---|
> | *der Junge* | *Ich treffe* **den** *Jungen.* |
> | *der Nachbar* | *Sie geht* **mit dem** *Nachbarn ins Kino.* |
> | *der Kunde* | *Die Adresse* **des** *Kunden war falsch.* |
> | *der Assistent* | *Mein Arzt hat* **zwei** *neue Assistenten.* |

2 Ergänzen Sie die Sätze mit einem Wort aus dem Kasten. Passen Sie aber auf, denn manchmal fehlt ein -*n* oder -*en*.

> Elefant Kunde Held Bauer Kollege Soldat Präsident Experte

a Ihr Freund ist ein _____, wenn es um Rockmusik geht.

b Mein letzter _____ konnte sich nicht entscheiden, ob er den Pulli kaufen wollte.

c Mein _____ fand den

_____ auch sehr unentschlossen.

d Er ist der neue _____ des reichsten Landes.

e Sie ist total unpraktisch und benimmt sich wie ein _____ im Porzellanladen.

f Die Touristen haben dem _____ die frischen Eier abgekauft.

g Man hat den _____ wie einen _____ gefeiert.

h Sie fragten den _____ nach dem Wert der Briefmarkensammlung.

3 Ergänzen Sie die Sätze mit dem Wort in Klammern.

a Wir fanden den _____, unsere Lehrer mit Vornamen anzureden, sehr komisch. (*thought*)

b Es ist eine Frage des _____. (*will*)

c Viele Menschen entscheiden sich mit dem _____ (*heart*) und nicht mit dem Verstand.

d Der Politiker handelte in dem _____, dass es die beste Lösung sei. (*belief*)

e Jetzt gibt es endlich _____. (*peace*)

f Die Überzeugung des _____ kann Berge versetzen. (*belief*)

> ### 🔑 Grammatik
> **Mixed nouns**
>
> Mixed nouns add an -*n* or -*en* like weak nouns but they also add an -*s* in the genitive singular. They include: *der Buchstabe, der Friede, der Glaube, der Gedanke, der Name, der Wille.*
>
> *Das Herz* is the only weak noun that is not masculine. Although it does not add an -*en* in the accusative as it is neuter, it takes an ending in the dative (-*en*) and the genitive (-*ens*).

4 Übersetzen Sie die Sätze ins Deutsche.

a She bought a cushion in the shape of a heart.

_____

b How do you find the new colleague?

_____

c Nobody wants to talk to the new colleague.

_____

d The soldier's postcard was very interesting.

_____

R 1a Welche Satzhälften passen zusammen?

a Wir freuten uns auf

b Er begrüßte uns mit

c Sie konnten sich die Reise wegen

d Ich war beeindruckt von

e Er musste eine Stunde wegen

i der steigenden Benzinkosten nicht mehr leisten.

ii den tanzenden Jugendlichen.

iii eine aufregende Vorstellung.

iv vorgetäuschter Freundlichkeit.

v der abgeschriebenen Hausaufgaben nachsitzen.

R 1b Übersetzen Sie die Sätze ins Englische.

a _____

_____

b _____

_____

_____

c _____

_____

d _____

_____

e _____

_____

> ### 🔊 Grammatik
>
> When using a past participle as an adjective, use the usual adjectival endings:
>
> *Sie fragten **einen** erfahren**en** Arzt um Rat.* (accusative, m.)
>
> *Wir sprachen **mit den** eingetroffen**en** Gästen.* (dative, pl.)
>
> The present participle (the '-ing' form of a verb) can also be used as an adjective and takes adjectival endings:
>
> *Sie beschwerten sich **über die** steigend**en** Preise.*
>
> *Er wurde **mit** rauschend**em** Applaus empfangen.*

R 2a Ergänzen Sie die Endungen der Partizipien in den folgenden Sätzen.

a Das vor zehn Jahren veröffentlicht_____ Buch wird auch heute noch gelesen.

b Durch die in einem Sprachkurs erlernt_____ Deutschkenntnisse gelang es ihr, eine Arbeit zu finden.

c Ohne unsere stark motivierend_____ Lehrerin ist der Unterricht so langweilig.

d Nach einer durchtanzt_____ Nacht waren alle total erschöpft.

e Die von Hand genäht_____ Bluse war wirklich hübsch, aber sehr teuer.

f Es gibt immer mehr autofahrend_____ Jugendliche.

g Sie freuten sich auf ein erfrischend_____ Bier.

> ### 🔊 Grammatik
>
> The present or past participle can be used to form a longer adjectival phrase in German, which precedes and agrees with the noun it describes. This does not exist in English and translating it may be a little tricky. It is often best translated using a relative clause.
>
> *Ich beziehe mich auf den oben erwähnten Punkt.*
> I am referring to the point mentioned above.
>
> *Der oben erwähnte Punkt ist falsch.*
> The point mentioned above is wrong.
>
> *Wir sprachen mit einem aus Bremen kommenden Kunden.*
> We talked to a customer who came from Bremen.

R 2b Übersetzen Sie nun die Sätze ins Englische.

a _____

b _____

c _____

d _____

e _____

f _____

g _____

Grammatik

Adjectives follow the pattern below if there is no article:

	m	f	n	pl
nom	roter	rote	rotes	rote
acc	roten	rote	rotes	rote
gen	roten	roten	rotes	roter
dat	rotem	roter	rotem	roten

Kalter Kaffee schmeckt nicht. (masculine, nominative)

Ich kaufe nur frisches Brot. (neuter, accusative)

Mit großer Freude empfing sie ihren Preis. (feminine, dative after mit)

Sie brachte einen Strauß roter Rosen. (plural, genitive)

For adjectives after articles, see page 39.

1 Welches Adjektiv hat die richtige Endung? Warum?

a Der Flüchtling hatte **große / großer** Angst. _____

b Trotz **gutem / guten** Wetters wurde die Fahrt abgesagt. _____

c Ohne **gültiger / gültigen** Pass wird man nicht aufgenommen.

_____

d Zu Pizza trinken wir gern **italienischen / italienischer** Wein. _____

e **Belgische / Belgisches** Bier ist bekannter als **französische / französisches**

Bier. _____

f Bei **starkem / starken** Nebel sollte man nicht Auto fahren. _____

g **Unreifen / Unreife** Bananen sind nicht gesund. _____

h Bei der Suche nach einer Arbeit sind **ausgezeichnete / ausgezeichneten**

Sprachkenntnisse sehr wichtig. _____

2 Ergänzen Sie die folgenden Sätze mit dem Adjektiv in Klammern.

a Mehr als eine Million _____ Arbeitsplätze wurden geschafft. (_neu_)

b Morgen werden wir uns mit ein paar _____ Freunden treffen. (_alt_)

c _____ Kinder sind oft sehr anstrengend. (_verwöhnt_)

d Ohne _____ Sehenswürdigkeiten wäre der Urlaub langweilig gewesen. (_kulturell_)

e Wir probierten _____ Bananen (_getrocknet_) mit

_____ Sahne. (_frisch_)

f Oft werden _____ Drogen über die Grenze geschmuggelt. (_illegal_)

g Trotz _____ Bemühungen ging es ihm nicht besser. (_allseitig_)

h Meine Schwester isst am liebsten _____ Brot (_knusprig_)

mit _____ Käse. (_weich_)

i Er hatte einen Koffer voll _____ Briefmarken. (_wertvoll_)

j In _____ Gruppen lernt man besser und schneller. (_klein_)

✓ Tipp

Adjective endings follow the same pattern after _viele, einige, ein paar_ and numbers.

Sie haben schnell **viele neue** Leute kennengelernt.

**Einige alte** Regeln wurden abgeschafft.

Ich habe **mit ein paar guten** Freunden meinen Geburtstag gefeiert.

**Nach drei kalten** Tagen wurde es wieder wärmer.

⬛ Grammatik

Possessive adjectives

Possessive adjectives have the same endings as the indefinite article. They are:

mein my
dein (informal singular) your
sein his, its
ihr her, its
unser our
euer (informal plural) your
Ihr, ihr (formal) your, their

	m	f	n	pl
nom	*mein*	*meine*	*mein*	*meine*
acc	*meinen*	*meine*	*mein*	*meine*
gen	*meines*	*meiner*	*meines*	*meiner*
dat	*meinem*	*meiner*	*meinem*	*meinen*

1 Ergänzen Sie die Sätze mit dem Possessivadjektiv in Klammern.

a _____ Gründe, warum er auswandern wollte, waren nicht sicher. (*his*)

b Ohne die Hilfe _____ Bekannten hätten sie es nicht geschafft. (*their*)

c Wo hast du _____ Einreiseantrag? (*your*)

d Es war _____ Absicht, die neue Kultur zu erforschen. (*our*)

e _____ beste Freundin stammte aus Polen. (*her*)

f Jeden Sommer fuhr sie mit _____ Freundin dorthin und lernte so die ganze Familie _____ Freundin kennen. (*her*)

g Die Beamten haben nichts Verdächtiges in _____ Gepäck gefunden. (*your*, informal pl.)

h Nur durch _____ Unterstützung hat die Integration dieser Familie so gut geklappt. (*your*, informal pl.)

i Der Flüchtlingsjunge war stolz auf _____ erstes Schulzeugnis. (*his*)

j Die Katze wollte sich nicht an _____ neues Zuhause gewöhnen. (*its*)

⬛ Grammatik

Interrogative adjectives

Interrogative adjectives follow the same pattern of endings as the definite article. They are used in questions, such as:

*In **welchem** Land würdest du am liebsten wohnen?* (neuter, dative)

***Welche** Sprachen sprichst du?* (plural, accusative)

***Welcher** Tag ist heute?* (masculine, nominative)

*Während **welcher** Vorstellung gab es eine Unterbrechung?* (feminine, genitive)

	m	f	n	pl
nom	*welcher*	*welche*	*welches*	*welche*
acc	*welchen*	*welche*	*welches*	*welche*
gen	*welches*	*welcher*	*welches*	*welcher*
dat	*welchem*	*welcher*	*welchem*	*welchen*

2 Ergänzen Sie die Interrogativwörter in den Sätzen mit der richtigen Endung.

a Welch_____ Asylantrag wird heute noch bearbeitet?

b In welch_____ Wohnung wird die Familie aus Syrien einziehen?

c Welch_____ Integrationskurs würdest du ihnen empfehlen?

d Wegen welch_____ Schwierigkeiten verzögerte sich eure Einreise?

e Durch welch_____ Verein fand sie die Arbeit?

f Mit welch_____ Verkehrsmittel werdet ihr fahren?

g Auf welch_____ Krankenstation liegt sie?

h Welch_____ Kaninchen ist deins?

i Von welch_____ Journalistin ist dieser Artikel?

j In welch_____ Buch hast du das gelesen?

k Um welch_____ Thema geht es?

★ 1a Ergänzen Sie die Sätze mit der richtigen Konjunktivform aus dem Kasten.

a Ich habe gehört, dass die Stadt Unterkünfte für die Flüchtlinge

_____.

b Der Migrant sagte, er _____ ein neues Leben beginnen.

c Es wird oft behauptet, dass es wichtig _____, sich mit anderen Kulturen zu befassen.

d Viele Arbeitgeber sind der Meinung, Zuwanderer _____ nicht die richtigen Qualifikationen.

e Manche sagen, ohne Zuwanderer _____ es weniger Vielfalt in der Gesellschaft.

> gäbe wolle hätten bereitstelle sei

1b Extra: Auf welche Weise und mit welchen Verben kann man die indirekte Rede einleiten?

★ 2 Schreiben Sie die folgenden Sätze in der indirekten Rede. Wählen Sie das Verb in Klammern, um die indirekte Rede einzuleiten. Passen Sie auf bei der Wortstellung.

a Die Arbeitsbedingungen für Migranten sind häufig unzureichend. (*it is claimed*)

_____

_____

b Es gibt viele leerstehende Wohnungen. (*as I have read*)

_____

_____

c Keiner will die Flüchtlinge in ihre Heimatländer zurückschicken. (*the politicians say*)

_____

_____

d Die neuen Pläne sehen gut aus. (*she found*)

_____

★ 3 Ergänzen Sie die folgenden Sätze mit dem Verb in Klammern.

a In dem Zeitungsartikel stand, dass Vorurteile der Hauptgrund für die

Probleme _____ _____. (*sein*, perfect subjunctive)

b Die Nachbarn sagten, sie _____ sich immer um eine gute

Beziehung _____. (*sich bemühen*, pluperfect subjunctive)

c Sie fragten ihn, warum er nicht mehr _____

_____. (*essen*, perfect subjunctive)

d Sie war der Meinung, dass sie die Rechnung schon _____

_____. (*bezahlen*, pluperfect subjunctive)

e Es wurde behauptet, dass die ganze Gruppe fast nichts

_____ _____. (*arbeiten*,

perfect subjunctive)

⊞ Grammatik

In indirect speech – when you report back what someone else has said – a subjunctive form is used for the verb in the statement.

*Er sagte: „Ich **bin** fertig.“*
(direct speech, present tense of *sein*)

*Er sagte, er **sei** fertig* or *Er sagte, dass er fertig **sei**.*
(indirect speech, present subjunctive of *sein*)

The present subjunctive is formed by adding the following endings to the verb stem:

ich geh**e**	wir geh**en**
du geh**est**	ihr geh**et**
er/sie/es geh**e**	sie geh**en**

⊞ Grammatik

If the present subjunctive is the same as the normal present, the imperfect subjunctive is used instead.

*Er sagte: „Wir **haben** keine Zeit.“*
(direct speech, present tense of *haben*)

*Er sagte, sie **haben** keine Zeit.*
(indirect speech, present subjunctive of *haben* – not clearly subjunctive)

*Er sagte, sie **hätten** keine Zeit.*
(indirect speech, imperfect subjunctive of *haben*)

To form the imperfect subjunctive of most irregular verbs, use the following endings with the imperfect stem and add an *umlaut* to *a, o* or *u*.

geben → gab →

ich gäb**e**	wir gäb**en**
du gäb**est**	ihr gäb**et**
er/sie/es gäb**e**	Sie/sie gäb**en**

✓ Tipp

The perfect subjunctive is generally used to report past-tense statements, but if the context is more conversational, the pluperfect subjunctive can be used instead.

*Susi erzählte: „Letzten Sommer **war** ich in Polen.“*
(imperfect of *sein*)

*Susi erzählte, sie **sei** letzten Sommer in Polen **gewesen**.*
(perfect subjunctive of *sein*)

*Susi erzählte, sie **wäre** letzten Sommer in Polen **gewesen**.*
(pluperfect subjunctive of *sein*)

1a **Was passt zusammen?**

a	nie	**i**	nowhere
b	kein	**ii**	no one, none
c	nirgends	**iii**	never
d	nicht mehr	**iv**	not any more
e	keiner	**v**	nothing
f	niemand	**vi**	no, not any
g	nicht	**vii**	not
h	nichts	**viii**	nobody, no one

1b **In welche Kategorie gehören die Negationspartikel a–h?**

adverbs	adjectives	pronouns

2 **Ergänzen Sie die Sätze mit dem passenden Negationspartikel. In den Sätzen c und g gibt es zwei mögliche Antworten.**

a Seit zehn Jahren haben sie _____
im Ausland Ferien gemacht.

b Es hat _____ Sinn, dass du dich beschwerst, denn es wird

sich _____ an der Situation ändern.

c _____/_____ hat uns gefragt, ob wir auch
kommen wollen.

d _____ gefällt es den meisten Menschen besser als zu Hause.

e Sie haben _____ Fleisch gegessen.

f Meine Eltern haben noch _____ an einer Demonstration
teilgenommen.

g Der neue Schüler sprach drei Wochen lang mit _____/

_____.

3 **Machen Sie aus jedem der folgenden positiven Sätze einen negativen, indem Sie *nicht* einfügen.**

a Es ist einfach, sich in einer neuen Kultur zurechtzufinden.

_____

b Die meisten von uns haben das Buch sehr interessant gefunden.

_____

c Deine Entscheidung hat uns wirklich überrascht.

_____

d Wer möchte diese türkische Spezialität probieren?

_____

e Sie versteht, warum er so irrational gehandelt hat.

_____

⊞ Grammatik

kein* and *keiner

Kein (no, not any) as an adjective takes the same endings as the indefinite article.

Sie bekamen keine große Wohnung. (accusative, feminine)

Er brauchte keinen neuen Pass. (accusative, masculine)

Keiner (no one, none) as a pronoun takes the same endings as the definite article.

Wo ist deine Tasche? Ich sehe keine. (accusative, feminine)

Keiner hat dich gesehen. (nominative, masculine)

✓ Tipp

Remember:

Niemand adds an *-en* in the accusative and an *-em* in the dative.

Wir haben niemanden gesehen.

Sie haben mit niemandem gesprochen.

Nichts and *nirgends* do not change.

⊞ Grammatik

Remember that *nicht* is generally placed either in front of the word you want to emphasise or as close to the end of the clause or sentence as possible:

*Wir haben **nicht** den Zug, sondern den Bus genommen.*

*Sie haben über die neuen Regeln noch **nicht** abgestimmt.*

Otherwise, *nicht* has to be placed before adjectives, infinitives, past participles and separable prefixes.

1 Um welchen Fall handelt es sich bei den unterstrichenen Satzteilen? Nominativ (N), Akkusativ (A), Dativ (D) oder Genitiv (G)?

a Viele finden es richtig, dass es <u>die doppelte Staatsangehörigkeit</u> gibt. ___

b Meine Tante hatte <u>ihren Ausweis</u> im Bahnhofswartesaal liegen lassen. ___

c Glücklicherweise wurde <u>der Ausweis</u> gefunden. ___

d Die Stadt hat <u>der Flüchtlingsfamilie</u> eine kleine Wohnung zur Verfügung gestellt. ___

e <u>Den Zuwanderern</u> wird oft mit viel Misstrauen begegnet. ___

f Jetzt macht <u>die Schule</u> ein Projekt, um die Integration <u>der ausländischen Schüler</u> zu fördern. ___ ___

g Die überwiegende Mehrheit <u>der Schüler</u> bemüht sich um <u>ein gutes Verhältnis</u> zu den Neuankömmlingen. ___ ___

2 Ergänzen Sie die Sätze mit den Wörtern in Klammern. Alle vier Fälle werden vorkommen.

a Oft sind _____ von den Politikern enttäuscht. (*the voters*)

b Man sollte _____ mehr Rechte geben. (*the workers*)

c Die Demonstrationen _____ waren letztendlich erfolgreich. (*the citizens*)

d Es gibt _____ (*a film*) über den Mauerfall, den unser Lehrer _____ (*the class*) gezeigt hat.

e Weil er sich sehr einsam fühlte, kaufte er sich _____. (*a dog*)

f Das Haus _____ war groß genug für uns alle. (*my friend*)

3 Ordnen Sie die Präpositionen dem richtigen Kasten zu.

> ohne zu wegen in zwischen hinter um für mit
> bei an nach neben vor seit unter auf durch

accusative	dative	genitive	accusative or dative

4 Schauen Sie sich die Präpositionen in den Sätzen an und füllen Sie dann die Lücken aus.

a Nach d____ Studium will sie zuerst ein Auslandsjahr machen.

b Sie hängten ein altes Bild aus DDR-Zeiten an d____ Wand.

c Es sah wirklich sehr schön an d____ Wand aus.

d Wegen ein____ Panne kamen sie mit viel Verspätung an.

e Obwohl es viel Platz gab, setzte sie sich zwischen mein____ Schwester und ihr____ Freund.

f Trotz d____ Sturm____ machten sie eine Wanderung.

1 Finden Sie die passende Antwort zu jeder Frage.

a Für wen hast du bei der letzten Wahl deine Stimme abgegeben?

b Welches dieser Autos würdest du kaufen?

c Mit wem hat er nach der Mittagspause gesprochen?

d An wen hat sich die Rede des Präsidenten gerichtet?

e Haben sie überall nachgeschaut?

f Was sagte der Politiker, als er von den Studenten öffentlich kritisiert wurde?

i Ja, aber sie fanden ihn nirgends.

ii Ganz ehrlich gesagt, für niemanden.

iii Keine Ahnung, aber ich glaube es war niemand, den du kennst.

iv Wenn ich ehrlich sein soll, keines.

v Ich bin mir nicht sicher, es ging um nichts Konkretes.

vi Nichts, überhaupt nichts!

2 Lesen Sie die Sätze und wählen Sie die richtige Antwort.

a Da ich keine **Kollege / Kollegen** hatte, fand ich die Arbeit ziemlich eintönig.

b Er ist Pazifist, er konnte sich daher ein Leben als **Soldat / Soldaten** nicht vorstellen.

c Im Zoo gab es viele Löwen, aber keinen einzigen **Elefanten / Elefant**.

d Wir waren es nicht gewohnt, einen **Nachbar / Nachbarn** zu haben, da das Nachbarhaus jahrelang leer gestanden hatte.

e Als sie heiratete, wollte sie ihren **Namen / Name** behalten.

f Ihre Nichte ist nett, aber ihr **Neffen / Neffe** geht ihr auf die Nerven.

g Die **Fremde / Fremden** sind doch von den Einheimischen unterstützt worden.

h Wer ist der **Junge / Jungen** mit den lockigen Haaren?

> ✅ **Tipp**
>
> When checking for mistakes, it pays to look closely at: verb-subject agreement; adjectival endings; use of cases; singular or plural forms of nouns; weak masculine or mixed nouns.

3 Was ist hier falsch? Unterstreichen Sie die Fehler und schreiben Sie das richtige Wort auf die Zeile neben jedem Satz.

a Meine Mutter hat an allem etwas auszusetzen. Keinen kann ihr etwas recht machen. _____

b Ohne einen Experte zu fragen, kann er dir nicht sagen, was die Sammlung wert ist. _____

c Nachdem der Chef in Pension ging, verlor das Geschäft mehr als die Hälfte aller Kundes. _____

d Man kann sich nur schwer an die Abkürzung des Namen gewöhnen, findest du nicht? _____

e Wenn es um Hilfe für einen kranken Mensch geht, nehme ich mir gern Zeit. _____

f Er arbeitet seit einem Monat als Assistenten bei einer bekannten Firma. _____

4 Lesen Sie die Sätze und wählen Sie die richtige Antwort.

a An **unsere / unserer** Schule gibt es ziemlich viel **politische / politisches** Engagement.

b Die Umweltgruppe ist besonders beliebt und die meisten **meiner / meinen** Freunde sind **aktive / aktiven** Mitglieder.

c Die Umweltgruppe trifft sich in **einer / einem** leerstehenden Turnhalle und zwar einmal pro Woche.

d Bei **ihrem / ihren** letzten Treffen gab es **ein / eine** lebhafte Diskussion über **ein / einen** Greenpeace Protest.

e Es wurde darüber abgestimmt, ob man an dem Protest teilnehmen sollte, und jeder musste **seine / seiner** Stimme abgeben.

f Meine Freundin konnte sich jedoch nicht entscheiden und enthielt sich **ihre / ihrer** Stimme.

5 Lesen Sie die Sätze und ergänzen Sie sie mit den fehlenden Artikel- und Adjektivendungen.

a In d_____ EU hat jeder Bürger das Recht in ein_____ ander_____ EU-Land zu arbeiten und dort zu leben.

b D_____ Gute daran ist, dass man weder ein_____ Aufenthaltsgenehmigung noch ein_____ Arbeitsgenehmigung braucht, um einreisen zu dürfen.

c Marek Cajkler ist vor ein_____ Jahr aus Polen nach Deutschland gekommen.

d Er ist Mitte zwanzig, ledig und ausgebildet_____ Maurer.

e Er ist sich sicher, dass er bei ein_____ deutsch_____ Bauunternehmer viel mehr als in Polen verdient.

f Mit d_____ verdient_____ Geld will er sich in sein_____ Heimatland ein_____ modern_____ Haus bauen.

g Da er ein_____ talentiert_____ Arbeiter ist, hat er bisher nur gut_____ Erfahrungen gemacht.

h Viele Deutsche sind froh, ein_____ zuverlässig_____ Bauarbeiter zu haben.

6a Ergänzen Sie die Sätze mit der entsprechenden Information aus dem Kasten.

a Die 2005 _____ Barockkirche ist wunderschön.

b Die _____ Keramikfabrik ist landesweit bekannt.

c Das im Osten an Polen _____ heißt Sachsen.

d Der im Jahr 1810 _____ Robert Schumann stammt aus Sachsen.

e Die durch die Autoindustrie _____ Stadt Zwickau liegt im Südwesten des Bundeslandes.

> ✅ **Tipp**
>
> In German, a longer phrase involving a past participle or present participle can be used before a noun in a similar way to a normal adjective. Remember that the usual adjectival endings apply. When translating complex adjectival phrases into English, you often need to express them as a separate clause.

> geborene Komponist   in Meißen liegende   wieder aufgebaute
> bekannt gewordene   grenzende Bundesland

6b Übersetzen Sie die Sätze nun ins Englische.

a _____

_____

b _____

_____

c _____

_____

d _____

_____

e _____

_____

7 Lesen Sie die Sätze. Um welchen Fall handelt es sich bei den unterstrichenen Satzteilen? Nominativ (N), Akkusativ (A), Genitiv (G) oder Dativ (D)?

a   <u>In dem Jahr</u>, in dem die Mauer gebaut wurde, bestand Deutschland bereits <u>aus zwei Ländern</u>, der BRD und der DDR. ____, ____

b   <u>Viele DDR-Bürger</u> waren mit ihrem Leben dort nicht zufrieden und versuchten <u>in den Westen</u> zu fliehen. ____, ____

c   Nicht allen gelang <u>die Flucht</u> und viele wurden gefangen genommen oder <u>auf der Flucht</u> erschossen. ____, ____

d   Nach zwanzig Jahren glaubte <u>keiner</u> mehr an den Fall <u>der Mauer</u> und an eine Wiedervereinigung. ____, ____

e   Dennoch passierte <u>es</u> am 9. November 1989: <u>die Grenze</u> wurde geöffnet. ____, ____

f   Der Fall der Mauer bedeutete auch <u>das Ende</u> <u>der DDR-Regierung</u>. ____, ____

8 Welche Präpositionen passen in die Lücken dieser Sätze? Wählen Sie die richtige aus dem Kasten.

> am mit zum bei vom bei zur seit bei zur

a   Kommst du heute Abend noch _____ mir vorbei?

b   Ich glaube nicht, ich muss _____ meiner Mutti einkaufen.

c   Wenn wir _____ Einkaufen zurückkommen, muss ich auch noch _____ Orchesterprobe.

d   Meine Tante wohnt schon _____ drei Jahren _____ ihrer Tochter.

e   Als wir _____ Theater ankamen, war die Theaterkasse schon geschlossen.

f   Sollen wir zuerst _____ Museum gehen oder _____ Jugendherberge?

9 Ergänzen Sie den Text mit den fehlenden Wörtern entweder im Dativ oder im Akkusativ.

Sie trafen sich vor ᵃ_____ (*the monument*)
und gingen dann zusammen über ᵇ_____
(*the bridge*). Unter ᶜ_____ (*a tree*) am Flussufer
setzten Sie sich auf ᵈ_____ (*a bench*) und aßen
eine Butterbretzel. Sie stellten ihre Räder hinter ᵉ_____
_____ (*the house*) und legten sich auf ᶠ_____
(*a deckchair*) im Garten hinter ᵍ_____ (*the house*).
Sie legte ihre Zeitung auf ʰ_____ (*the floor*) neben
ⁱ_____ (*an empty glass*). Neben ʲ_____
_____ (*the glass*) lag auch noch eine leere Limonadenflasche.

> **✓ Tipp**
>
> When working with 'dual case' prepositions that can take either the accusative or the dative, try to find clues from the context. Is the preposition being used to describe motion, or the object's position? Look out for verbs of movement such as *gehen, fahren, fallen*, etc.

✔️**Tipp**

Indirect speech (*indirekte Rede*) is used to report back something that has been said. In German this means converting the statement from the indicative (normal verb forms) into the subjunctive. The subjunctive tenses in indirect (or reported) speech should match those of the original statement where possible, but this can cause problems with regular present tense forms, which are the same in the indicative and the subjunctive. Avoid confusion in these cases by replacing the present subjunctive with the imperfect subjunctive. *Peter sagte, ich habe Recht.* → *Peter sagte, ich hätte Recht.*

10 Ergänzen Sie die Sätze mit dem Verb in der richtigen Konjunktivform.

a Es heißt, der Reichstag _____ ein Symbol der deutschen Einheit. (*sein*)

b Anscheinend _____ es zehn Jahre gedauert, bis der Bau des Reichstags 1894 beendet war. (*haben*)

c Wie ich gelesen habe, _____ während des Krieges harte Kämpfe vor dem Reichstag stattgefunden. (*haben*)

d Man sagte mir, die Restaurierung unter Sir Norman Foster _____ im Jahr 1994 begonnen. (*haben*)

e Ich habe auch gehört, dass es auf der Dachterrasse ein exklusives Restaurant _____ . (*geben*)

f Es wird auch behauptet, man _____ oft Schlange stehen, wenn man den Reichstag besichtigen will. (*müssen*)

11 Schreiben Sie den kurzen Text in der indirekten Rede.

„Hallo Leute, **ich bin die Katya** und ich freue mich, dass so viele heute Abend ins Jugendzentrum gekommen sind. Ich will euch zuerst etwas über den Grund des Treffens erzählen. Letzte Woche ist ein junger Flüchtling aus Syrien von ein paar betrunkenen jungen Männern auf der Straße beleidigt worden. Sie haben zu ihm gesagt, er soll wieder in seine Heimat zurückkehren. Er hat in Mannheim nichts zu suchen. Ausländer wie er nehmen nur die Arbeit der Deutschen weg. Dann haben sie ihm gedroht und sind ihm bis zur Flüchtlingsunterkunft gefolgt. Der Flüchtling ist erst seit zwei Monaten hier in Mannheim.

„Meiner Meinung nach dürfen wir so ein Verhalten hier in unserer Stadt nicht dulden. **Ihr stimmt mir doch sicher alle zu?** Deshalb will ich eine Demonstration mit Plakaten organisieren, die unsere Solidarität mit den Flüchtlingen in unserer Stadt zeigen.“

Sie sagte, **sie sei die Katya** und _____

_____

_____

_____

_____

_____

_____

_____

_____

_____

Sie fragte, ob wir ihr _____

_____

_____

_____

_____

1 Übersetzen Sie die folgenden Wörter und Ausdrücke ins Englische.

a   die Bestellung des Kunden _____

b   Keiner weiß es _____

c   niemanden kennen _____

d   nichts sehen können _____

e   nirgends zu Hause sein _____

f   aus welchem Grund? _____

g   die Vorurteile der Einheimischen _____

h   keinem glauben _____

i   ein in Gedanken versunkener Junge _____

   _____

j   auf dem auf uns zukommenden Rad _____

   _____

2 Übersetzen Sie die folgenden Sätze ins Englische.

a   Alle fragten sich, woher er komme.

   _____

b   Laut des Artikels wisse keiner, ob das Projekt schon begonnen habe.

   _____

   _____

c   Es wurde oft behauptet, Zuwanderer wären eine Last für den Staat gewesen.

   _____

   _____

d   Als gelernter Arbeiter ist man überall gefragt.

   _____

e   Es heißt, man wolle die Fehler der Vergangenheit vermeiden.

   _____

f   Die Politiker sagen, es gebe jetzt ein ernstzunehmendes Integrationsprogramm.

   _____

   _____

3 Übersetzen Sie den Text ins Englische. Die Namen der Seen können Sie beibehalten.

Wie ich in einer Broschüre gelesen habe, gebe es in Bayern sehr viele Seen. Der besonders von Erholungstouristen besuchte Tegernsee sei anscheinend nicht nur einer der malerischsten, sondern auch einer der saubersten Seen des Bundeslandes. Wegen seiner Tiefe ist der Königssee bekannt. An seinem Ufer steht eine sehenswerte Kirche, die man von den beliebten Bootstouren auf dem See aus bewundern kann. Der Chiemsee mit seinen drei Inseln ist der größte bayrische See.

_____

_____

_____

_____

_____

_____

4 Übersetzen Sie den Text ins Englische.

Jugendliche heutzutage interessieren sich nur für ihre eigenen Probleme, oder nicht? Welcher Jugendliche gehört heute noch einem Verein an? Ich kenne keinen. Trotz der unzähligen Möglichkeiten, sich an sozialen oder sportlichen Aktivitäten zu beteiligen, sitzen die meisten zu Hause vor ihrem Computer. Nur wenige sorgen sich um die Umwelt, und wenn sie nach ihrer Meinung zu politischen Themen befragt werden, gibt es eine ganze Menge, die sich weder an einer Bundestagswahl noch an einer Landtagswahl beteiligen würden.

_____

_____

_____

_____

_____

_____

_____

_____

_____

5 Übersetzen Sie den Text ins Englische.

Im Rahmen der Initiative „Schule ohne Rassismus" engagieren sich Schüler(innen) bundesweit für ein friedliches und tolerantes Zusammenleben. Trotz rassistischer Übergriffe und Anschläge auf Flüchtlingsunterkünfte sowie der Verbreitung rechtspopulistischer Ideen verlieren die Mitglieder von „Schule ohne Rassismus" nicht den Mut, sondern bleiben optimistisch. In Berlin machen schon ungefähr 10 Prozent aller Schulen mit. Schüler(innen) und Lehrer(innen) diskutieren zusammen über Menschenrechte und die Verbindung zwischen Antisemitismus und Rassismus. Auch werden Projekte gefördert, bei denen durch gemeinsames Sporttreiben Vorurteile abgebaut werden und Freundschaften geschlossen werden, die über Kultur, Sprache und Herkunft hinausgehen.

> **✓ Tipp**
>
> Remember that the verb _werden_ is used in several ways in German. You will need to identify whether it is being used on its own to mean 'to become', or being used to form a future tense expression or a passive form.

_____

_____

_____

_____

_____

_____

_____

_____

_____

_____

_____

1 Übersetzen Sie die folgenden Ausdrücke ins Deutsche.

a nothing new _____

b as if _____

c unless _____

d with the elephant _____

e in which town? _____

f at the immigration office

_____

g since her childhood _____

h despite our help _____

i because of their religion

_____

j with better training

_____

2 Übersetzen Sie die folgenden Sätze ins Deutsche.

a They met the refugee at the border.

_____

b If it was up to me I would vote.

_____

c Each country should keep its characteristic features.

_____

d European awareness for me means tolerance and openness.

_____

e We would not vote for any of the politicians.

_____

f She says she is not from Syria.

_____

g No expert will agree to your idea.

_____

h Our school has no German assistant this year.

_____

> **✅ Tipp**
>
> When translating from English into German always check:
> - the agreement between subject and verb ending
> - the agreement between nouns and adjectival endings
>
> If there is a preposition in a sentence, check which case it is used with.
>
> For dual case prepositions remember:
> - if the verb implies position = dative
>   *Ich **sitze** unter **dem** Baum.*
> - if the verb implies movement = accusative
>   *Ich **setze mich** unter **den** Baum.*

3 Übersetzen Sie den Text ins Deutsche.

Since 1 January 2009 it has become easier to migrate to Germany. At that time, Germany had a shortage of experts and highly-skilled workers, as many Germans did not have the necessary qualifications for certain jobs. The government hoped that the offer of a high salary would be attractive to skilled migrants. It was said that there would be more economic growth as a consequence. Which federal state would employ the most migrants?

_____

_____

_____

_____

_____

4 Übersetzen Sie den folgenden Text ins Deutsche.

After the fall of the Wall the two German states, the communist GDR and the capitalist FRG, were reunited. Nobody would have thought that the changes could happen so quickly. There had been demonstrations and the majority of GDR citizens had demanded reforms and more democratic rights, but not everybody wanted a united Germany. In the former GDR unemployment had not been a problem, but after reunification many East German qualifications were no longer worth anything.

> ✅ **Tipp**
>
> The pluperfect tense is used to describe an event that 'had happened' further back in the past, before another past event. The pluperfect is formed with the auxiliary verb *haben* or *sein* in the imperfect, plus the past participle.

5 Übersetzen Sie den folgenden Text ins Deutsche.

"Young people nowadays have neither the energy nor the time for politics." Is this not a widespread assumption? Here are two young people who prove the opposite:

Oliver is 18 and a member of his local FDP group. He decided to become politically active after hearing a speech by Guido Westerwelle. It was not one specific issue that was important to him, but the ideas of a liberal party in general.

Political involvement is also important for 20-year-old Emma. She was worried about the growing popularity of populist parties and radically conservative attitudes in many countries. This motivated her to found a 'Juso' group for young social democrats in her home town.

1a Übersetzen Sie die adverbialen Bestimmungen der Zeit. Mit welcher Zeit oder Zeiten werden sie benutzt?

Bestimmung	Übersetzung	Zeitform des Verbs
vor zehn Jahren		
abends		
morgen früh		
letzten Sommer		
eines Tages		

1b Extra: Welche Regeln können Sie aus der Tabelle ableiten?

2 Ergänzen Sie die Lücken mit dem Verb in der passenden Zeitform.

a   Vor zwei Monaten _____ die beiden

_____, ihr Haus zu verkaufen. (*beschließen*)

b   Heute Morgen _____ ich keine Zeit, aber

morgen früh _____ ich bestimmt da

_____. (*haben, sein*)

c   Nachdem sie die Abiturprüfung _____

_____, _____ sie ein Jahr

lang Freiwilligendienst in Südamerika. (*beenden, machen*)

d   _____ du auf die Uni oder

_____ du eine Ausbildung

_____? (*gehen, anfangen*)

3 Übersetzen Sie die folgenden Sätze ins Deutsche.

a   My best friend was hoping to find a summer job in Switzerland.

_____

_____

b   Last year they visited the European Parliament in Strasbourg.

_____

_____

c   They have been studying politics at Freiburg University for two years.

_____

_____

d   When the police arrived they were packing their suitcases.

_____

_____

✓ Tipp

When translating from English into German or vice versa, it is really important to get the tenses right, especially in an exam situation.

Look out for time phrases that can help you to identify which tense is required:

jeden Montag	every Monday
letzte Woche	last week
nächstes Jahr	next year
eines Abends	one evening (e.g. in a story)

Remember, in German, time phrases pointing to the future can be followed by the future or the present tense. (See page 19.)

✓ Tipp

Remember that there is no continuous form of the verb in German.

He **is working** day and night/He **works** day and night = Er **arbeitet** Tag und Nacht.

We **were learning** different languages/We **learnt** different languages = Wir **lernten** verschiedene Sprachen.

To imply continuation, you can also use *dabei sein (etwas zu machen)*.

Wir **waren dabei**, verschiedene Sprachen *zu lernen*.

✓ Tipp

Remember that the prepositions *seit* and *seitdem* are usually used to indicate that an action is continuing. When followed by the **present tense**, they imply that the action is still happening now.

Seit vier Jahren **lerne** ich Deutsch. I **have been learning** German **for** four years.

When used with the **imperfect**, *seit* and *seitdem* refer to a continuous action in the past.

Seitdem er im Ausland **war**, war er selbstbewusster. **Since** he **had been** abroad, he was more confident.

1 **Was passt zusammen?**

a	sich darüber freuen	i	to sit down in between
b	Woran denkst du?	ii	Come here!
c	daneben	iii	next to it
d	sich dazwischen setzen	iv	What is it used for?
e	Wofür wird es gebraucht?	v	to be happy about it
f	Komm hierher!	vi	What are you thinking of?

2 **Lesen Sie die Sätze und wählen Sie das richtige Wort.**

a **Wohin / Woher** gehen wir?

b Ah, Sie sind da. Kommen Sie doch bitte **hinein / herein**.

c **Worin / Woraus** besteht der Kuchen?

d Zuerst ging sie die Straße **hinunter / herunter** bis zur Ampel. Danach wartete sie auf ihn.

e **Worum / Wovon** geht es in dem neuen Film?

f Sie wollten noch etwas **dazu / dabei** trinken.

g Siehst du den Baum dort? Kannst du **herauf / hinauf** klettern?

h **Wofür / Worauf** wartest du noch?

R 3 **Ergänzen Sie die Lücken in den folgenden Sätzen mit dem richtigen Wort. Wenn Sie nicht sicher sind, welche Präposition Sie brauchen, schlagen Sie das Verb nach.**

a Ich weiß nicht, ob wir uns treffen können. Es hängt _____ ab, wie das Wetter ist.

b Sie weiß nicht, ob sie nach Österreich fährt. Es kommt _____ an, was es kostet.

c Ich habe mich _____ gewundert, dass sie den Samstagsjob bekam.

d Er wartet nur _____, von mir zu hören.

e Wir haben uns _____ geärgert, dass die Ausstellung so teuer war.

f Sie hatten _____ gehofft, das Museum zu besichtigen.

4 **Übersetzen Sie diese Sätze ins Deutsche.**

a I am sorry that you are ill. I knew nothing about it.

_____

_____

b What are you saving for?

_____

c She ran down the mountain on her own.

_____

d We'll take care of it immediately. (*to take care of* = sich um etwas kümmern)

_____

_____

F **Grammatik**

In German the adverbs *da, hier, wo, hin* and *her* are often used with prepositions, for example: *darüber, hierzu, wodurch, hinunter, herauf.*

When translating into English, a literal translation is not always possible; often it depends on the context.

Worüber habt ihr gesprochen? **What** did you talk **about**?

Was kann man daraus lernen? What can you learn **from that**?

Note: if there are two vowels, add an -*r*- in between, as in *worüber*.

✓ Tipp

The adverb *hin* implies a movement away from the speaker and towards something or someone else; *her* implies a movement away from a particular starting point towards the speaker.

*Ben rief von oben: „Hallo Samira, kannst du bitte **herauf** kommen?" Also ging Samira die Treppe **hinauf**.* Ben called from upstairs: "Hello Samira, could you please **come up (here)**?" So Samira **went up** the stairs.

Colloquially *rein* is often used for *herein, rauf* for *herauf* and *drin* for *darin.*

F **Grammatik**

The adverb *da(r)* is often used with prepositions in the following ways:

- to replace an object: *Siehst du das Sofa? Dein Buch liegt **darauf**.* Can you see the sofa? Your book is lying **on it**.

- with a *dass*-clause, where it often expresses '(the fact) that': *Er hat sich **darüber** gewundert, **dass** du nicht angerufen hast.* He was surprised (**by the fact that**) you did not call.

- to anticipate an infinitive construction that can be translated by using the '-ing' form of the verb: *Wir freuten uns **darauf**, zusammen ins Kino **zu gehen**.* We were looking forward **to going** to the cinema together.

★ 1 Schreiben Sie die folgenden Sätze im Futur II.

a Sie haben alles geplant und organisiert.

Bis morgen _____

b Du hast von ihr gehört.

Bis nächsten Sonntag _____

c Sie hat zu viel zu tun.

_____

d Sie kommen mit dem Zug und nicht mit dem Bus.

_____

e Es gibt viele Diskussionen über Umweltschutz.

Bis Ende des Jahrzehnts _____

_____

★ 2a Was wird die Zukunft bringen? Übersetzen Sie die folgenden Sätze ins Deutsche.

a By the end of the decade environmental problems will have influenced our architecture.

_____

_____

b In many countries the governments will have lowered the voting age to 16.

_____

_____

c Scientists will have succeeded in developing new medicines.

_____

_____

d Robots will have replaced many humans in various jobs.

_____

_____

e The number of electric cars will have risen sharply.

_____

_____

★ 2b Extra: Was wirst du in zehn Jahren erreicht oder gemacht haben? Wann, wie und mit wem? Schreiben Sie fünf Sätze. Benutzen Sie die vorgegebenen Ideen und fügen Sie weitere Details hinzu.

an der Uni studieren	eine neue Fremdsprache lernen
eine Ausbildung machen	nach Australien fliegen
durch Europa reisen	in einem anderen Land leben

⊞ Grammatik

The future perfect tense (known as *Futur II*) is mainly used to express probability or a supposition about what will have happened in the future.

*Sie **wird** den Bus **verpasst haben**.* She **will have missed** the bus.

It is formed using *werden* plus the past infinitive (a past participle and either *haben* or *sein*.)

✓ Tipp

The future perfect is often introduced by time elements such as:

bis nächste Woche by next week

(bis) morgen um diese Zeit by this time tomorrow

innerhalb der nächsten zehn Jahre within the next ten years

***Bis Ende nächster Woche wird** das Geschäft **umgezogen sein**.*

In conversation, however, the future perfect is hardly ever used. It is often replaced by the perfect tense.

Morgen um diese Zeit habe ich meine Hausarbeit hoffentlich beendet.

1 Lesen Sie die Sätze und wählen Sie die passende Übersetzung.

a Das darf doch nicht wahr sein! *(surprise)*

   i *That can't be true! Surely not!*

   ii *Actually, that may not be true.*

b Da kommt ja unser Taxi, prima! *(surprise)*

   i *That's our taxi, yes.*

   ii *Oh good – here comes our taxi.*

c Siehst du, ich habe doch Recht gehabt! *(contradiction)*

   i *See, I was right after all.*

   ii *I have probably got it right, you know.*

d Na, dann ist ja alles in Ordnung. *(affirmation)*

   i *No, it **is** all fine.*

   ii *Everything is fine, then.*

e Komm doch morgen mal vorbei. *(casual tone)*

   i *Make sure you come round tomorrow.*

   ii *Just pop round any time tomorrow.*

2a Übersetzen Sie das folgende Gespräch ins Englische.

Silke: Hallo Pinar. **Na**, wie war der Film?

Pinar: **Naja**, die Handlung war **halt** nichts Besonderes – ein typischer Thriller. Die Schauspieler waren **schon** echt gut.

Silke: **Aber** du hast **doch** gewusst, dass es ein Thriller ist, oder nicht?

Pinar: Ja, **schon** und der Hauptdarsteller – sein Name fällt mir **gerade** nicht ein – war so cool.

Silke: Würdest du den Film **denn** empfehlen?

Pinar: **Eigentlich schon**, es handelt sich **eben** um einen Unterhaltungsfilm und die sind **nun mal** nicht immer anspruchsvoll.

Silke: Genau, **na dann** werde ich ihn mir **wohl** morgen Abend ansehen.

_____

_____

_____

_____

_____

_____

_____

_____

_____

_____

2b Extra: Welche Rolle spielen die Partikel in den Sätzen oder was für eine Emotion vermitteln sie? Was meinen Sie?

⊞ Grammatik

Modal particles are frequently used in German, particularly in colloquial German. Without them, sentences can sound impersonal, if not abrupt. Whereas you add emphasis in English by using intonation, in German you use particles. They can therefore be tricky when translating.

The most common particles are *aber, auch, denn, doch, eben, eigentlich, etwa, gerade, ja, mal, na, nun, nur, schon, überhaupt, wohl.*

☑ Tipp

Here are some examples of the roles modal particles can play.

*Es ist **aber auch** alles schief gegangen.*	(emphasis)
*Das klappt **schon**!*	(encouragement)
*Komm **doch** mit.*	(persuasion)
*Wir wissen **ja**, dass sie es nicht so meint.*	(inviting agreement)
*„Das stimmt **doch** nicht, oder?" „**Doch**!"*	(contradiction)
*Wo wohnt er **denn**?*	(interest)
*Einen Moment **mal**.*	(lending a casual tone)
*Das freut mich **aber**.*	(surprise)

1 Lesen Sie die Sätze und schreiben Sie jeden Satz dann um. Beginnen Sie mit dem Wort oder Ausdruck in Klammern.

a Der Fremde ging auf das Gebäude zu. (*slowly*)

_____

b Die Prüfung dürfte eigentlich kein Problem sein. (*as he passed the language test*)

_____

_____

c „Es war Nacht." So begann der erste Abschnitt ihres neuen Romans. (*cold and foggy*)

_____

_____

d Ich habe von dem Zettel nichts gesagt. (*to the teacher*)

_____

2 Schreiben Sie die Sätze so um, dass jeweils ein anderes Satzglied betont wird.

a Es hat zwischen August 1989 und April 1990 mehr als 3 000 Protestaktionen in der DDR gegeben.

_____

_____

b Die ostdeutsche Literatur zur Zeit der Wende ist auch heute noch für Jugendliche interessant.

_____

_____

c Die kommunistische Ideologie prägte das ganze Leben in der DDR.

_____

_____

d Die Stadt Weimar war früher nicht nur bei Dichtern beliebt, sondern auch bei Musikern.

_____

_____

3 Was ist hier falsch? Verbessern Sie die Fehler.

Beispiel: Sie hat am Bahnhof ⟨ihm⟩ die Fahrkarte gegeben.

a In Berlin gab sie ein Souvenir ihm.

b Der Tourist gestern einen Reiseführer kaufte.

c Wir sind wieder nach Hause nach dem Wochenende gefahren.

d Sonnig es war gestern den ganzen Tag.

Grammatik

Although there are specific rules for word order in German, some variation is possible. If there is an element you want to emphasise, you can start your sentence with it:

In den nächsten vier Jahren wird sich die EU verändern. (time element)

Auf dem Land ist die Luft sauberer. (place element)

Außer einem Koffer hatte er kein Gepäck. (prepositional phrase)

Da sie aus einem Dorf kam, war sie in der Großstadt fremd. (subordinate clause)

Meiner Mutter habe ich das Buch gegeben, nicht meiner Schwester. (dative object)

Den jungen Mann hatten wir noch nie gesehen. (accusative object)

✓ Tipp

A sentence can also start with an adjective or an adverb. This is often used in literary texts such as poems or narrations:

Froh und erleichtert waren sie, als sie ihr Ziel erreichten.

Nie hätte man so etwas erwartet.

✓ Tipp

If you have a dative and an accusative object in a sentence, you generally have the dative object before the accusative object.

*Ich gebe **meiner Freundin** ein Geschenk.*

If you replace the dative object with a dative pronoun the word order remains the same.

*Ich gebe **ihr** ein Geschenk.*

However, if you use a pronoun for the accusative object, the accusative tends to come before the dative.

*Ich gebe es **meiner Freundin/ihr**.*

★ 1 Was passt zusammen? Finden Sie die jeweils passende Ergänzung zu den Satzanfängen mit *wenn*.

a Wenn ich das Auto gesehen hätte,

b Wenn unsere Klasse nach Österreich gefahren wäre,

c Wenn es keine Wiedervereinigung gegeben hätte,

d Wenn Berlin nicht die Hauptstadt geworden wäre,

e Wenn es die EU damals nicht gegeben hätte,

f Wenn wir kein Handy gehabt hätten,

i wäre Berlin nicht wieder zur Hauptstadt geworden.

ii hätten wir sie wahrscheinlich nicht getroffen.

iii wäre ich nicht über die Straße gegangen.

iv hätte er nicht so einfach eine Stelle als Fremdsprachenassistent in England gefunden.

v hätten wir auf jeden Fall Wien besichtigt.

vi wäre das Parlament wohl heute noch in Bonn.

🔧 Grammatik

The pluperfect subjunctive is often used in conditional sentences with *wenn*-clauses to express circumstances or situations in the past which did not happen.

*Wenn er den Zug nicht **verpasst hätte**, **hätte** er uns **getroffen**.*

*Es **wäre** besser **gewesen**, wenn du nicht nach Hause **gefahren wärst**.*

It is formed of the imperfect subjunctive of *haben/sein* + past participle of the verb.

★ 2 Was ist hier falsch? Verbessern Sie die Sätze. Die Anzahl an Fehlern steht in den Klammern.

a Hätten wir einen Schirm gehabt, wir hätten nicht nass geworden. (*2*)

b Wenn du freundlicher gewesen wäre, hätte dich der Fahrer mitgenehmen.(*2*)

c Sie hätte bestimmt nichts gegen seinen Vorschlag gehabt, wenn er es ihr hätte nicht so spät gesagt.(*1*)

d Wenn sie alle Konsequenzen bedenkt hätten, wären sie zu Hause geblieben. (*2*)

e Hättet ihr gelesen den Artikel, hättet ihr Bescheid gewissen. (*2*)

★ 3 Ergänzen Sie die folgenden Sätze mit den Verben in Klammern im Konjunktiv II im Plusquamperfekt.

a Wenn du Geographie _____ _____ (*to study*), _____ du _____ (*to know*), wo Sachsen liegt.

b Wenn ich die Wahl _____ _____ (*to have*), _____ ich nach Ostdeutschland _____ (*to go*).

c Wenn er selbst _____ _____ (*to cook*), _____ es ihm besser _____ (*to taste*).

d Wenn sie nicht so wählerisch _____ _____ (*to be*), _____ ihnen der Auslandsaufenthalt besser _____ (*to please*).

e Wenn wir nicht so viel _____ _____ (*to discuss*), _____ wir den letzten Bus nicht _____ (*to miss*).

✓ Tipp

The pluperfect subjunctive can also be used to express a desire or regret:

*Wir **wären** wirklich gern zu seiner Party **gekommen**.*

*Er **hätte** so gern eine Reise ans Mittelmeer **gemacht**.*

*Ach, **hätte** ich doch mehr für die Prüfung **gelernt**!*

1a Nominativ oder Akkusativ? Lesen Sie die Sätze und füllen Sie die Lücken
mit der entsprechenden Form des bestimmten Artikels aus.

a _____ Fall der Mauer ist für die heutige
Jugend bereits ein geschichtliches Ereignis.

b Für die ältere Generation ist _____ Fall der
Mauer immer noch ein wichtiger Meilenstein.

c Was hältst du für beeindruckender – _____
Fall der Mauer oder die Einführung des Euro?

d Nach der Wiedervereinigung musste _____
Westen _____ Osten noch weiterhin
finanziell unterstützen.

e _____ Bereich Maschinenbau hat man
besonders weiter entwickelt.

f _____ Wunsch der DDR-Bürger nach
mehr Freiheit hat sich durch _____
Wiedervereinigung erfüllt.

1b Extra: Begründen Sie Ihre Antworten.

2a Dativ oder Akkusativ? Lesen Sie die Sätze und füllen Sie die Lücken
mit der entsprechenden Form des Artikels, Pronomens oder
Possessivadjektivs aus.

a Der Verkäufer gab sein____ ersten Kunden aus dem
Osten ein____ Blumenstrauß zur Begrüßung.

b Mein Freund kaufte sein____ Mutter ein____ Flasche
Wein und ein____ französischen Käse aus dem
KaDeWe.

c Bei unserem ersten Spaziergang durch Westberlin
zeigte ich mein____ Cousine d____ Schloss
Charlottenburg.

d Sie war so aufgeregt, als ich mit ____ auf dem Ku'damm
ihr____ ersten westdeutschen Einkaufsbummel
machte.

e Später stellte ich ____ mein____ Freunde vor und sie
fand ____ echt nett.

f Sie hoffte, dass sie ____ noch öfter begegnen würde.

2b Extra: Begründen Sie Ihre Antworten.

3 Dativ, Akkusativ oder Genitiv? Lesen Sie die Sätze, schauen Sie sich die
Präpositionen an und ergänzen Sie die fehlenden Wörter.

a Wir saßen unter d____ Bäumen und sonnten uns.

b Trotz d____ allgemeinen Aufregung blieb sie total ruhig.

c In ein____ Stunde ist unser Flug.

d Seit unser____ Wochenende in Weimar liest sie nur noch Goethe.

e Ohne ein____ Reiseführer hätte sich die Schülergruppe nicht
zurechtgefunden.

f Sie fanden d____ Park und ruhten sich auf ein____ Bank aus.

g Wegen d____ Hitze waren sie alle sehr durstig.

h Unter d____ Zuschauern gab es eine ganze Menge Kinder.

i Alle waren zu d____ Konzert eingeladen.

4 Ergänzen Sie die folgenden Appositionen im richtigen Kasus.

a Das ist Frau Batur, d____ Reiseleiterin.

b Sie tanzte den ganzen Abend mit Franjo, d____ Fußballstar.

c Wir sprachen auch mit Anja, d____ Sängerin einer tollen Band.

d Später trafen wir noch Jan, ein____ Freund von Franjo.

e Jan kennt auch Ollie, d____ Besitzer der Kneipe.

> ✓ **Tipp**
>
> If a noun is followed by another,
> explanatory noun in apposition, the
> noun in apposition is in the same case
> as the first noun.
>
> *Das ist **Heidi**, **die** Freundin meines
> Bruders.*
>
> *Sie unterhielten sich **mit Herrn Meier**,
> **dem** Nachbarn.*

🔣 Grammatik

There are three types of conditional sentences.

1. *Wenn er nach Deutschland **fährt, fliegt** er normalerweise.* If he goes to Germany, he normally flies. (= present tense in both clauses. Implication: a real situation)

2. *Wenn er nach Deutschland **führe, würde** er **fliegen**.* If he went to Germany, he would fly. (= imperfect subjunctive in *wenn*-clause; conditional in main clause. Implication: a hypothetical situation)

3. *Wenn er nach Deutschland **gefahren wäre, wäre** er **geflogen**.* If he had gone to Germany, he would have flown. (= pluperfect subjunctive in both clauses. Implication: an unreal situation that could have happened in the past)

1 Schreiben Sie die folgenden Verben im Konjunktiv II.

a geben: er _____

b haben: ich _____

c kommen: Anna _____

d sein: wir _____

e sehen: es _____

2 Ergänzen Sie die Verben im Konjunktiv II und suchen Sie dann die passenden Satzpaare.

a Wenn ich mehr Geld _____ (*haben*),

b Wenn es mehr Schnee _____ (*geben*),

c _____ (*haben*) du heute Nachmittag Zeit,

d Wenn das Wetter wärmer _____ (*sein*),

e Wenn meine Freunde nicht immer zu spät _____ (*kommen*),

i _____ (*brauchen*) wir nicht zur Schule zu gehen.

ii _____ (*können*) ich mir eine Fernreise leisten.

iii _____ (*haben*) ich weniger Stress.

iv wenn ich dir jetzt helfen würde?

v _____ (*haben*) ich bessere Laune.

> ✅ **Tipp**
>
> The imperfect subjunctive (or *Konjunktiv II*) in the *wenn*-clause can be replaced by the conditional. The conditional is used if the imperfect subjunctive form is the same as the imperfect indicative form of the verb. It may, however, sound a little clumsy to use the conditional in both clauses.
>
> *Wenn du mir ein deutsches Buch kauftest, würde ich es lesen.*
>
> *Wenn du mir ein deutsches Buch kaufen würdest, würde ich es lesen.*

⭐ 3 Ergänzen Sie die Sätze mit der Information in Klammern.

a Wenn du so weitergemacht hättest, (*you would have won*)

_____

b Sie hätten das Problem vermieden, (*if they had been able to talk to each other*)

_____

c Ich hätte den ausländischen Film besser verstanden, (*if I had read the book first*)

_____

d Wenn du mehr Vokabeln gelernt hättest, (*you would not have had to do the test again*)

_____

e Er wäre lieber zu Hause geblieben, (*if he had not had an appointment*)

_____

> ✅ **Tipp**
>
> When using a modal verb in the pluperfect subjunctive, the modal verb and the second verb are used in the infinitive, with the following word order:
>
> *Wenn er hätte **kommen können**, hätte er deinen Schrank repariert.* If he had been able to come, he would have repaired your wardrobe.
>
> *Wir hätten das Auto **sehen müssen**.* We ought to have seen the car.

1 Schreiben Sie die Sätze in der richtigen Reihenfolge. Um was für eine Zeit handelt es sich bei den Verben?

a bei beteiligt sich sie Seit einem Jahr aktiv Amnesty International .

_____

_____

b eine Rede Nachdem gehört hatte er von Martin Luther King , er für interessieren sich Politik zu begann .

_____

_____

c du bei Hast dem Projekt angemeldet dich , das helfen Flüchtlingskindern wird?

_____

_____

d Nein , nicht noch , aber heute noch werde mich ich anmelden .

_____

_____

2 Präsens, Perfekt, Imperfekt oder Futur? Ergänzen Sie die Sätze in der richtigen Zeitform mit dem Verb in Klammern.

a Überraschenderweise _____ die heutigen Jugendlichen weniger provokativ als die Generation ihrer Eltern. (*to seem*)

b Die Generation ihrer Eltern dagegen _____

_____ und sich von der älteren Generation absetzen. (*to want to shock*)

c Nach einer Studie _____ die heutige Jugend

_____ auf ‚Freiheit und Toleranz'. (*to place value*)

d Das Handy _____ zwar ihr ständiger Begleiter (*to*

be), aber manche Jugendliche _____ das dauernde ‚Getippe' als störend und uncool, als sie gefragt wurden. (*to regard*)

e Die meisten der Befragten _____ damals

_____, dass eine dauerhafte Beziehung sehr wichtig für sie ist. (*to say*)

f In der letzten Studie _____ die meisten Jugendlichen den Begriff einer nationalen Identität als eher negativ. (*to see*)

g _____ die heutigen Jugendlichen also vernünftiger

und toleranter _____ als ihre Eltern? (*to become*)

> **✓ Tipp**
>
> Contextual clues can help you to identify the tense of a sentence or clause. Look for time expressions that indicate the past, present or future, as well as adjectives with meanings such as 'current', 'previous', 'latest'. However, be careful with *nach*, as this does not always mean 'after'.

3 Wie wird sich die EU in der Zukunft geändert haben? Ergänzen Sie die Sätze mit dem Verb im Futur II.

a Die Zahl der Mitgliedsstaaten _____ drastisch _____

_____. (*sinken*)

b Die übriggebliebenen Mitgliedsstaaten _____ in allen Bereichen noch engere Beziehungen

_____ _____. (*entwickeln*)

c Man _____ einen europäischen Reisepass _____ _____.

(*einführen*)

d Die Mitgliedsstaaten _____ die Grenzen zu Nicht-Mitgliedsstaaten _____

_____. (*schließen*)

e Jedes EU-Land _____ den Euro _____ (*abschaffen*) und eine neue EU-Währung

_____ _____. (*planen*)

f Die Schweiz _____ der EU als neues Mitgliedsland _____

_____. (*beitreten*)

4 Lesen Sie die Sätze und ergänzen Sie jeden Satz entweder mit dem Dativ oder dem Akkusativ.

a Wir durften an d_____ Dekoration nichts ändern.

b Siehst du die Schwalben, die gerade über d_____ Reichstagskuppel fliegen?

c Sie fuhren in ein_____ rasend_____ Tempo über d_____ Brücke.

d In ein_____ Untersuchung wurde auf d_____ Gefahren von Drogen hingewiesen.

e Sie rannten auf d_____ Bahnsteig, doch der Zug war schon weg.

f Wir stiegen auf d_____ Turm und von d_____ Spitze aus hatte man eine herrliche Aussicht.

g Oben auf d_____ Turm war es so windig, dass wir nicht lange blieben.

h Seitdem er bei sein_____ älter_____ Schwester wohnte, ging es ihm viel besser.

5 Lesen Sie die Sätze und wählen Sie das richtige Wort.

a In **unsere / unserer** Klasse interessieren sich die meisten Schüler(innen) für Politik.

b Der Lehrer schickte **eine / einen** Brief an die Eltern **seine / seiner** Schüler.

c Nach **einem / einer** Umfrage soll **die / der** heutige Jugend traditionelle Werte wieder mehr schätzen.

d Die ganze Klasse hatte beschlossen, gegen **den / die** Schulordnung zu protestieren.

e In **die / den** neuen Bundesländern sind die Löhne immer noch nicht ganz angepasst.

f Der Jugendliche las **dem / den** Bericht **der / des** Polizei ohne seine Gefühle zu zeigen.

g Danach gab **ihm / ihn** ein Polizist **der / den** Bericht und er durfte gehen.

h Wann hast du das letzte Mal **ein / einen** Besuch bei **deiner / deine** Oma gemacht?

i Im letzten Jahr ist **das / die** Zahl **der / des** Einwanderer nicht mehr gestiegen.

6 Schreiben Sie die folgenden Sätze um, indem Sie mit dem unterstrichenen Ausdruck beginnen.

a Viele Bürger halten <u>den globalen Terrorismus</u> für eine Bedrohung unserer westlichen Werte.

_____

_____

b Die Auseinandersetzungen <u>zwischen der EU und der Türkei</u> scheinen sich wieder zu verstärken.

_____

_____

c Keiner sollte <u>die Bedeutung</u> der diplomatischen Beziehungen zwischen den Ländern unterschätzen.

_____

_____

d Viel mehr Länder sollten sich <u>am Kampf</u> gegen den Klimawandel beteiligen.

_____

_____

> **✓ Tipp**
>
> For emphasis, the following elements can be placed at the beginning of the sentence: an adverb; an adjective; a time expression; a direct object or an indirect object. Think about how this affects the position of the verb and the subject in the sentence.

7 Lesen Sie die Sätze. Welches Partikel passt besser?

a Das kann nicht dein Ernst sein, du bist … so doof!

 i denn   ii ja

b Findest du? Es gibt … nie 100%ige Sicherheit im Leben.

 i doch   ii schon

c Aber Überwachungskameras könnten bei der Suche nach Terroristen … nützlich sein, glaube ich.

 i schon   ii nur

d Wenn wir … alle Pazifisten wären!

 i denn   ii nur

e Dann bräuchten wir … gar keine Waffen mehr.

 i auch   ii halt

8 Ergänzen Sie die Sätze mit einem passenden Partikel aus dem Kasten. Manchmal gibt es mehr als eine Möglichkeit.

a Schau mal, das ist _____ der neue Schüler. Wie heißt er _____?

b Wart ihr _____ einmal in Berlin, oder ist es euer erstes Mal?

c Annie, kannst du mir bitte _____ die Mathe Hausaufgaben erklären?

d Das war genial von ihm, er kann _____ wirklich alles!

> schon   mal   eben   doch   denn   eigentlich

9 Lesen Sie die Sätze und ersetzen Sie das unterstrichene Objekt durch ein präpositionales Adverb, z.B. *da(r)* + Präposition.

a Niemand wollte über das Thema reden. _____

b Sie fanden nicht nur eine Menge Bücher in dem Schrank, sondern auch zahlreiche alte

 Dokumente. _____

c Er versteckte alle wichtigen Beweisstücke hinter der Kellertür. _____

d Wir freuten uns wirklich sehr auf unser nächstes Treffen. _____

e Du hattest ziemlich viele Vorteile durch deine Beziehung, nicht? _____

f Ich hoffe, ihr seid mit den neuen Plänen einverstanden. _____

10 Ergänzen Sie die Sätze mit dem entsprechenden präpositionalen Adverb aus dem Kasten. Passen Sie auf. Es gibt mehr Wörter zur Auswahl als richtige Antworten.

a In dem Streit ging es _____, ob sie die gleichen Rechte haben sollten.

b Es kommt _____ an, ob du heute fährst oder morgen.

c Sein Freund ignorierte ihn. _____ schloss er, dass er ihm böse war.

d So ein Zufall, wir wären nie _____ gekommen, dass ihr euch kennt!

e Sie haben sich wirklich sehr _____ gefreut, dass du sie begleitet hast.

> darüber   dafür   dadurch   darum   daraus   dabei   darauf   dagegen

> ☑ **Tipp**
>
> When deciding which prepositional adverb to use with a certain verb, try to think of a longer sentence using the same verb. For example, *wir diskutieren* might become *wir diskutieren **über** wichtige politische Themen* and, from there, *wir haben viel **darüber** diskutiert.* Don't rely too much on the prepositions you would use in English, as they may well be different.

11 Ergänzen Sie die Sätze im Konjunktiv II. Was passt zusammen?

a Wenn wir mehr Zeit _____ (to have),

b Wenn du dich besser _____ (to concentrate),

c Wenn sein Handy nicht kaputt _____ (to be),

d Wenn er sich mehr dafür _____ (to be interested),

e Wenn er es genau _____ (to know),

f Wenn ich _____ (to be able to),

g Wenn das Geschäft bessere Kleider _____ (to sell)

i würde ihm die Arbeit mehr Spaß machen.

ii würde ich etwas kaufen.

iii würden wir jeden Tag eine Zeitung lesen.

iv würde er sich bei ihnen melden.

v würde ich ihm bestimmt helfen.

vi würde er etwas sagen.

vii würdest du bessere Noten bekommen.

12 Schreiben Sie die Sätze in der richtigen Reihenfolge.

a Wenn nicht Helmut Kohl gewesen Kanzler wäre , es nie zur vielleicht gekommen Wiedervereinigung wäre .

_____

_____

b Angela Merkel sich politisch im Osten engagiert nicht hätte Wenn , ihr nicht Helmut Kohl Talent entdeckt politisches hätte .

_____

_____

_____

c mehr gehabt Wenn Ostdeutschen hätten Rechte die , demonstriert nicht hätten sie wahrscheinlich .

_____

_____

d Westdeutschland aufgewachsen Wäre in Angela Merkel , das in sozialistischen sie hätte Leben einem erfahren nie Land persönlich .

_____

_____

_____

> ✅ **Tipp**
>
> Conditional sentences using the pluperfect subjunctive can be used to express what would have happened in the past, if something else had been true (otherwise known as 'wishful thinking'!). The pluperfect subjunctive is formed with the past participle of the verb, plus its auxiliary verb in the imperfect subjunctive.

13 Diese Dinge hätten sie gestern machen sollen. Aber leider haben sie sie nicht gemacht! Ergänzen Sie die Sätze mit der richtigen Verbform in Klammern.

Beispiel:

Tim: „Hätte ich doch meine Hausaufgaben gemacht." (do my homework)

a Lisa: „_____"
(not go to bed so late)

b Ali: „_____"
(drink more water)

c Shreena: „_____"
(not go shopping)

d Jan: „_____"
(set my alarm clock)

1 Übersetzen Sie diese Ausdrücke ins Englische.

a Raus jetzt!

b Das stimmt doch!

c Warum eigentlich nicht?

d Gib es mir!

e trotz aller Bemühungen

f bei uns zu Hause

g wenn es nach mir ginge

h Wer hätte das gedacht!

i wird überlebt haben

j was wäre, wenn

2 Übersetzen Sie diese Ausdrücke ins Englische.

a Wir werden die Krise überwunden haben.

b Ich hätte darüber gelacht.

c In Hamburg gibt es doch kein Oktoberfest!

d Wenn sie hier bliebe, würde ich mich freuen.

e Dadurch, dass sie ihre Ausbildung beendet hatte, konnte sie die Stelle im Ausland annehmen

> **✓ Tipp**
>
> Translating *da(r)* + preposition followed by *dass* into English often involves using the '-ing' form of the verb in the *dass*-clause.
>
> *Ich bin damit einverstanden, dass er mit dem Auto fährt.* I agree to him travelling by car.
>
> *Wir haben uns dafür bedankt, dass sie uns geholfen haben.* We thanked them for helping us.
>
> When *da(r)* + preposition replaces an object, it is often translated as preposition + 'it'.
>
> *Ich war damit einverstanden.* I agreed to it.
>
> *Wir haben uns bei ihnen dafür bedankt.* We thanked them for it.

3 Übersetzen Sie den folgenden Abschnitt ins Englische.

Wie würde sich die deutsche Bevölkerung entscheiden, wenn sie über einen EU-Austritt abstimmen müsste? Laut einer Umfrage würde sich in Deutschland eine klare Mehrheit für einen Verbleib aussprechen. Anscheinend würden nur 17 Prozent der Bundesbürger austreten wollen. Trotz aller Schwierigkeiten und Krisen innerhalb der EU sind die Deutschen überwiegend EU-freundlich. Sie vertrauen darauf, dass die EU eine Zukunft hat und reformiert werden kann.

4 Übersetzen Sie den folgenden Abschnitt ins Englische.

Wenn man an Deutschland als Ferienland denkt, stellt man sich wahrscheinlich den Schwarzwald vor oder die bayrischen Alpen. Doch auch in Deutschland gibt es Sonne, Strände und das Meer und zwar im Norden des Landes. Bekannt ist die Ostsee für ihren Sandstrand mit den einmaligen Strandkörben, in denen man sich entspannen kann, ohne dass man einen Sonnenbrand bekommt. Als beliebtes Ferienziel gilt die Ostsee besonders bei Familien, wegen des milden Klimas.

Vokabeln

die Ostsee - *Baltic Sea*

der Strandkorb – *Literally: beach basket, a kind of deckchair made of wicker*

_____

_____

_____

_____

_____

_____

5 Übersetzen Sie den folgenden Abschnitt ins Englische. Sie brauchen den Begriff ‚Wende' nicht zu übersetzen.

War die Wende eine friedliche Revolution? Wenn man sich die Entwicklung der damaligen Ereignisse in der ehemaligen DDR näher ansieht, muss man diese Frage eigentlich bejahen. Doch wie kam es dazu? Den ersten Schritt machte die Sowjetunion als sie den Ostblockstaaten erlaubte, ihre Grenzen zum Westen zu öffnen. Die Wirtschaft der DDR war kurz vor dem Bankrott. Die Situation der Bevölkerung verschlechterte sich noch mehr und viele DDR-Bürger verließen ihr Land. Die, die blieben, protestierten für mehr Mitbestimmung und Freiheit. Da diese Proteste nicht von der Stasi unterdrückt werden konnten, führte es schließlich ohne Blutvergießen zur Öffnung der innerdeutschen Grenze und zum Fall der Mauer.

> ✓ **Tipp**
>
> Sometimes a compound noun cannot be translated directly, and you have to make an extra leap to understand the concept it describes. Think about how this applies to a word like *Mitbestimmung* which carries the meanings 'with, together' and 'deciding, defining'.

_____

_____

_____

_____

_____

_____

_____

_____

_____

_____

_____

_____

1 Übersetzen Sie die folgenden Ausdrücke ins Deutsche.

a   he would have _____

b   I should have _____

c   there would be _____

d   within a week _____

e   we would have travelled _____

f   he would have built _____

g   it will have been _____

h   he is paying _____

i   Go up the stairs! (*sg. inf.*) _____

j   Come down! (*sg. inf.*) _____

> ✅ **Tipp**
>
> When translating a verb in the pluperfect subjunctive into German, make sure you check which auxiliary verb the German verb takes:
>
> They **would have written** tomorrow.
> Sie **hätten** morgen **geschrieben**.
>
> They **would have arrived** on time.
> Sie **wären** rechtzeitig **angekommen**.
>
> The past participle of the verb goes to the end of the clause or sentence.

2 Übersetzen Sie diese Sätze ins Deutsche.

a   If you (*informal singular*) had only told me.

_____

b   They will have renovated the flats by Friday.

_____

c   Had she thought about it, she would not have been so surprised.

_____

d   After we had helped the refugees, we wrote an article for the local paper.

_____

e   They were all hoping for a better future.

_____

3 Übersetzen Sie den folgenden Text ins Deutsche.

Anyone travelling to Germany will probably want to visit Berlin, Cologne or Hamburg. Where, however, would you find good jobs, little crime and affordable accommodation? Sixty-nine cities with over 100 000 inhabitants took part in a new town ranking. It was about quality of life and the labour market, as well as the choice of flats to rent or to buy. Bavaria's capital city Munich came top in all categories.

Vocabulary

town ranking = *das Städteranking*

_____

_____

_____

_____

_____

_____

4 Übersetzen Sie den folgenden Text ins Deutsche.

What is going to happen to the EU after Brexit? Only 27 member states will remain. Will integration within the Eurozone deepen or will there be a serious crisis? If more countries decide to follow Britain, could this mean the end of the EU altogether? One of the biggest successes of the EU has been to maintain peace in Europe for more than 60 years. Let's hope this will continue despite the uncertain future.

> ☑ **Tipp**
>
> Translating the word 'different' into German can be tricky. *Anders* is used comparatively to express the idea of two separate things being 'unlike' each other. The words *verschieden* and *unterschiedlich* can both be used to express 'various'. You can use *unterschiedlich* or the verb *sich unterscheiden* to emphasise the idea of things within the same group 'differing' from one to the next.
>
> *In diesem neuen Retro-Laden gibt es ganz* **andere** *Klamotten als in den Kaufhäusern* (different from other shops). *Ich habe* **verschiedene** *Kleider anprobiert* (a variety of), *konnte mich aber nicht entscheiden. Übrigens, die Preise sind ganz* **unterschiedlich** (differing from one to another) – *von total billig bis ziemlich teuer.*

5 Übersetzen Sie den folgenden Text ins Deutsche.

When East and West Germany were reunited more than 25 years ago the general mood was full of optimism. As Willy Brandt, the predecessor of Chancellor Helmut Kohl, said: "What belongs together will grow together." Yet how different is life in the east compared with life in the west nowadays? Despite a lot of changes, differences still exist. To bring together two states with totally different political and economic systems was certainly an achievement. The new federal states in the east, where wages are lower, are poorer than the old federal states. A positive development is that life expectancy has risen sharply since reunification.

Vocabulary

predecessor = *der Vorgänger*

The more common irregular verbs

The forms of compound verbs are the same as for the basic verbs, e.g. *anfangen* has the same irregularities as *fangen*.

*Verbs which take *sein* in the perfect tense.

infinitive	3rd person sing. present	imperfect indicative	past participle	English
backen	bäckt	backte/buk *(old)*	gebacken	*to bake*
befehlen	befiehlt	befahl	befohlen	*to order*
beginnen	beginnt	begann	begonnen	*to begin*
beißen	beißt	biss	gebissen	*to bite*
biegen	biegt	bog	gebogen	*to bend*
bieten	bietet	bot	geboten	*to offer*
binden	bindet	band	gebunden	*to tie*
bitten	bittet	bat	gebeten	*to ask*
blasen	bläst	blies	geblasen	*to blow*
bleiben	bleibt	blieb	geblieben*	*to stay*
braten	brät	briet	gebraten	*to roast, fry*
brechen	bricht	brach	gebrochen	*to break*
brennen	brennt	brannte	gebrannt	*to burn*
bringen	bringt	brachte	gebracht	*to bring*
denken	denkt	dachte	gedacht	*to think*
dringen	dringt	drang	gedrungen*	*to penetrate, push*
dürfen	darf	durfte	gedurft	*to be allowed to*
empfangen	empfängt	empfing	empfangen	*to receive*
empfehlen	empfiehlt	empfahl	empfohlen	*to recommend*
empfinden	empfindet	empfand	empfunden	*to feel*
erschrecken	erschrickt	erschrak/erschreckte	erschrocken*	*to be scared*
essen	isst	aß	gegessen	*to eat*
fahren	fährt	fuhr	gefahren*	*to go, travel, drive*
fallen	fällt	fiel	gefallen*	*to fall*
fangen	fängt	fing	gefangen	*to catch*
finden	findet	fand	gefunden	*to find*
fliegen	fliegt	flog	geflogen*	*to fly*
fliehen	flieht	floh	geflohen*	*to flee*
fließen	fließt	floss	geflossen*	*to flow*
fressen	frisst	fraß	gefressen	*to eat (of animals)*
frieren	friert	fror	gefroren	*to freeze*
geben	gibt	gab	gegeben	*to give*
gehen	geht	ging	gegangen*	*to go*
gelingen	gelingt	gelang	gelungen*	*to succeed*
gelten	gilt	galt	gegolten	*to be valid, count*
genießen	genießt	genoss	genossen	*to enjoy*
geschehen	geschieht	geschah	geschehen*	*to happen*
gewinnen	gewinnt	gewann	gewonnen	*to win*
gießen	gießt	goss	gegossen	*to pour*
gleichen	gleicht	glich	geglichen	*to resemble*
gleiten	gleitet	glitt	geglitten*	*to slide*
graben	gräbt	grub	gegraben	*to dig*
greifen	greift	griff	gegriffen	*to grasp*
haben	hat	hatte	gehabt	*to have*

infinitive	3rd person sing. present	imperfect indicative	past participle	English
halten	hält	hielt	gehalten	to hold, stop
hängen	hängt	hing	gehangen	to hang
heben	hebt	hob	gehoben	to lift
heißen	heißt	hieß	geheißen	to be called
helfen	hilft	half	geholfen	to help
kennen	kennt	kannte	gekannt	to know
klingen	klingt	klang	geklungen	to sound
kommen	kommt	kam	gekommen*	to come
können	kann	konnte	gekonnt	to be able to
kriechen	kriecht	kroch	gekrochen*	to creep
laden	lädt	lud	geladen	to load
lassen	lässt	ließ	gelassen	to allow
laufen	läuft	lief	gelaufen*	to run
leiden	leidet	litt	gelitten	to suffer
leihen	leiht	lieh	geliehen	to lend
lesen	liest	las	gelesen	to read
liegen	liegt	lag	gelegen	to lie
lügen	lügt	log	gelogen	to tell a lie
meiden	meidet	mied	gemieden	to avoid
messen	misst	maß	gemessen	to measure
mögen	mag	mochte	gemocht	to like
müssen	muss	musste	gemusst	to have to
nehmen	nimmt	nahm	genommen	to take
nennen	nennt	nannte	genannt	to name
pfeifen	pfeift	pfiff	gepfiffen	to whistle
raten	rät	riet	geraten	to guess
reiben	reibt	rieb	gerieben	to rub
reißen	reißt	riss	gerissen	to rip
reiten	reitet	ritt	geritten*	to ride
rennen	rennt	rannte	gerannt*	to run
riechen	riecht	roch	gerochen	to smell
rufen	ruft	rief	gerufen	to call
saugen	saugt	saugte/sog	gesaugt/gesogen	to suck
schaffen	schafft	schuf	geschaffen	to create
scheiden	scheidet	schied	geschieden*	to separate (intr.)
scheinen	scheint	schien	geschienen	to shine
schieben	schiebt	schob	geschoben	to push, shove
schießen	schießt	schoss	geschossen	to shoot
schlafen	schläft	schlief	geschlafen	to sleep
schlagen	schlägt	schlug	geschlagen	to hit
schleichen	schleicht	schlich	geschlichen*	to creep, sneak
schließen	schließt	schloss	geschlossen	to shut
schmelzen	schmilzt	schmolz	geschmolzen	to melt
schneiden	schneidet	schnitt	geschnitten	to cut
schreiben	schreibt	schrieb	geschrieben	to write
schreien	schreit	schrie	geschrie(e)n	to cry

infinitive	3rd person sing. present	imperfect indicative	past participle	English
schweigen	schweigt	schwieg	geschwiegen	to be silent
schwimmen	schwimmt	schwamm	geschwommen*	to swim
schwören	schwört	schwor	geschworen	to swear
sehen	sieht	sah	gesehen	to see
sein	ist	war	gewesen*	to be
senden	sendet	sandte	gesandt	to send
singen	singt	sang	gesungen	to sing
sinken	sinkt	sank	gesunken*	to sink
sitzen	sitzt	saß	gesessen	to sit
sollen	soll	sollte	gesollt	to be supposed to
sprechen	spricht	sprach	gesprochen	to speak
springen	springt	sprang	gesprungen*	to jump
stehen	steht	stand	gestanden*	to stand
stehlen	stiehlt	stahl	gestohlen	to steal
steigen	steigt	stieg	gestiegen*	to climb
sterben	stirbt	starb	gestorben*	to die
stoßen	stößt	stieß	gestoßen	to push
streichen	streicht	strich	gestrichen	to paint, stroke
streiten	streitet	stritt	gestritten	to quarrel, argue
tragen	trägt	trug	getragen	to carry
treffen	trifft	traf	getroffen	to meet
treiben	treibt	trieb	getrieben	to do
treten	tritt	trat	getreten*	to step
trinken	trinkt	trank	getrunken	to drink
tun	tut	tat	getan	to do
verderben	verdirbt	verdarb	verdorben	to spoil
vergessen	vergisst	vergaß	vergessen	to forget
verlieren	verliert	verlor	verloren	to lose
verschwinden	verschwindet	verschwand	verschwunden*	to disappear
verzeihen	verzeiht	verzieh	verziehen	to pardon
wachsen	wächst	wuchs	gewachsen*	to grow
waschen	wäscht	wusch	gewaschen	to wash
weisen	weist	wies	gewiesen	to show, point out
wenden	wendet	wandte	gewandt	to turn
werben	wirbt	warb	geworben	to advertise
werden	wird	wurde	geworden*	to become
werfen	wirft	warf	geworfen	to throw
wiegen	wiegt	wog	gewogen	to weigh
wissen	weiß	wusste	gewusst	to know
wollen	will	wollte	gewollt	to want to
ziehen	zieht	zog	gezogen	to pull
zwingen	zwingt	zwang	gezwungen	to compel

The present tense
Formation of regular verbs

To form the present tense of regular (weak) verbs, take off the final -en or -n from the infinitive and add endings as shown in the two examples below:

spielen to play	lernen to learn
ich spiele	ich lerne
du spielst	du lernst
er/sie/es spielt	er/sie/es lernt
ihr spielt	ihr lernt
wir spielen	wir lernen
Sie/sie spielen	Sie/sie lernen

For verbs whose stem ends in d or t, or in n or m after a consonant, the letter e must be added before the present tense t or st verb ending, e.g.

landen – to land	warten – to wait	öffnen – to open	widmen – to dedicate
ich lande	ich warte	ich öffne	ich widme
du landest	du wartest	du öffnest	du widmest
er/sie/es landet	er/sie/es wartet	er/sie/es öffnet	er/sie/es widmet
wir landen	wir warten	wir öffnen	wir widmen
etc.	etc.	etc.	etc.

Formation of irregular verbs

Some verbs are irregular in the present tense. Three very important irregular verbs are:

haben – to have	sein – to be	werden – to become
ich bin	ich lerne	ich werde
du bist	du lernst	du wirst
er/sie/es ist	er/sie/es lernt	er/sie/es wird
wir sind	ihr lernt	wir werden
ihr seid	wir lernen	ihr werdet
Sie/sie sind	Sie/sie lernen	Sie/sie werden

Irregular verbs do not have quite the same pattern as regular verbs. However, the differences are only slight and are to be found in the du, er, sie and es forms of the verb. Sometimes you add an umlaut (ö, ä, ü) and sometimes there is a vowel change:

	fahren – to drive	laufen – to run	tragen – to carry/wear
du	fährst	läufst	trägst
er/sie/es	fährt	läuft	trägt

Other useful verbs which change in the same way are:

empfangen	to receive
fallen	to fall
fangen	to catch
schlafen	to sleep
schlagen	to hit
waschen	to wash

Some common irregular verbs where there is a vowel change are:

	du	er/sie/es
essen	isst	isst
helfen	hilfst	hilft
lesen	liest	liest
nehmen	nimmst	nimmt
sehen	siehst	sieht
sprechen	sprichst	spricht
treffen	triffst	trifft
vergessen	vergisst	vergisst
wissen	weißt	weiß

The imperfect tense/simple past tense

The imperfect tense is also called the simple past tense, because the verb consists of just one element. The imperfect can be used for any action in the past and has the same meaning as the perfect tense (*ich spielte* = I played, I used to play, I was playing, I did play).

Weak (regular) verbs add the endings shown below to the stem of the verb.

ich	spielte
du	spieltest
er/sie/es	spielte
wir	spielten
ihr	spieltet
Sie	spielten
sie	spielten

Strong (irregular) verbs change their stem in the imperfect and each form has to be learnt.

Remember that the *ich* form of the imperfect of irregular verbs is the same as the *er*, *sie* and *es* forms. Add -*st* to the *du* form and -*t* to the *ihr* form. For *wir*, *Sie* and *sie*, simply add -*en* to the stem.

ich	ging
du	gingst
er/sie/es	ging
wir	gingen
ihr	gingt
Sie	gingen
sie	gingen

Mixed verbs combine a change in their stem with the –*te* endings of regular verbs.

haben	–	ich hatte
kennen	–	ich kannte
wissen	–	ich wusste
bringen	–	ich brachte
verbringen	–	ich verbrachte
denken	–	ich dachte
rennen	–	ich rannte
nennen	–	ich nannte
brennen	–	ich brannte

Watch out for *sein* (to be):

ich	war
du	warst
er/sie/es	war
wir	waren
ihr	wart
Sie/sie	waren

The most irregular verb is *werden* (to become). It ends in -*de* instead of -*te*:

ich	wurde
du	wurdest
er/sie/es	wurde
wir	wurden
ihr	wurdet
Sie/sie	wurden

Modal verbs in the past tense are mostly used in their imperfect form:

	können	*dürfen*	*müssen*	*wollen*	*sollen*	*mögen*
ich	konnte	durfte	musste	wollte	sollte	mochte
du	konntest	durftest	musstest	wolltest	solltest	mochtest
er/sie/es	konnte	durfte	musste	wollte	sollte	mochte
wir	konnten	durften	mussten	wollten	sollten	mochten
ihr	konntet	durftet	musstet	wolltet	solltet	mochtet
Sie/sie	konnten	durften	mussten	wollten	sollten	mochten

Answers

Transition

Personal pronouns (page 5)

1
a iv, *Ich* (nom.) … *dich* (acc.)
b iii, *Er* (nom.) … *ihr* (dat.)
c i, *Wir* (nom.) … *ihnen* (dat.)
d v, *es* (nom.) … *dir* (dat.)
e ii, *Sie* (nom.) … *euch* (acc.)

2
a Wir b ihn, ihm, er c sie, Es d euch e sie, ihr

3
a du b ihr, sie c Sie, Ihnen d Er e ihn

The present tense (1) (page 6)

1
a duscht sich b seht … fern c esse d interessieren sich e Bist
f fährt g gehen

2

German verb	sich ändern	fallen	schreiben	lesen
English translation	to change	to fall	to write	to read
ich	ändere mich	falle	schreibe	lese
du	änderst dich	fällst	schreibst	liest
er/sie/es	ändert sich	fällt	schreibt	liest
wir	ändern uns	fallen	schreiben	lesen
ihr	ändert euch	fallt	schreibt	lest
Sie/sie	ändern sich	fallen	schreiben	lesen

3
a Meine Freunde und ich hören Musik.
b Wo wohnst du?
c Er nimmt ein Stück Kuchen.
d Sie fährt zur Arbeit.
e Es gibt keine Ferien.
f Was kosten die Bücher?
g Seid ihr zu Hause?

The perfect tense (1) (page 7)

1a
a Meine Familie hat die letzten Weihnachtsferien in den Alpen verbracht.
b Gestern habt ihr keine Hausaufgaben gemacht.
c Ich bin heute Morgen mit meiner Freundin einkaufen gegangen.
d Ist der Zug zehn Minuten später abgefahren?

1b
The auxiliary verb is in second place and the past participle is at the end of the sentence. In a question without a question word, the question starts with the auxiliary verb.

2
a hat … geheiratet b sind … geflogen c sind … gefahren, gewandert d haben … besucht e habe … gefreut, haben … mitgebracht

3
a Letztes Wochenende haben sie zwei Kinokarten/Karten für das Kino gekauft.
b Wo hast du gestern Tennis gespielt?
c Sie hat den Brief noch nicht geschrieben.
d Sie sind heute Nachmittag in die Stadt gegangen und sie sind immer noch da/dort.
e Ich bin um 10 Uhr aufgewacht.
f Er hat sein Frühstück heute Morgen in die Schule mitgenommen.

The imperfect tense (1) (page 8)

1
a wohnte, machte b warst, Gab c wusste, lernte d brachten

2
a hörte, spielte b tranken, gingen c fuhren, besuchten, blieben d dachte, interessierte

3
a Ich war am Montagmorgen sehr müde/sehr müde am Montagmorgen.
b Sie las einen Artikel über den neuen Film.
c Mein Bruder brauchte immer viel Zeit für seine Hausaufgaben.
d Sie fuhren jedes Wochenende mit einem alten Auto nach London.

Nominative and accusative cases (page 9)

1
a accusative b accusative c nominative d accusative e nominative

2
a Das, einen b Der, meine c mein, einen d das e jeden, einen f Eine g mein

3
a ein b einen, eine c Mein, einen d Einen, eine e Meine, ein f eine

Genitive and dative cases (page 10)

1
a *der Firma* She writes an email to the company/firm.
b *deiner Mutti* Please don't tell your mum.
c *deinem Bruder* Give the car keys to your brother/Give your brother the car keys.
d *den Schülern* The teacher read the newspaper article to the students.

2
a der Preis der Hose b die Möbel des Hauses c die Demonstration der Frauen und Männer d das Handy meines Freundes

3
a meiner Oma b den Kindern c der Schule d der Fernsehsendung e dem Kellner f des Restaurants g dem Lehrer

Word order (1) (page 11)

1a

a liegt b heißt c ist … gefahren d kann … wohnen e fährt … ab f musste … absagen

1b

a, b verbs are second idea

c perfect tense, auxiliary verb *sein* is second idea, past participle goes to the end of the sentence

d modal verb second idea, other verb at end of sentence

e separable verb, prefix goes to the end of the sentence

f imperfect tense, modal verb second idea, second verb in infinitive at the end of the sentence

2

a Wir stehen immer sehr spät auf.

b Dann gehen wir in den Park.

c Dort treffen wir unsere Freunde zum Fußballspielen.

d Danach kaufe ich mir meistens ein belegtes Brötchen.

e Ich muss um 5 Uhr am Nachmittag/am Nachmittag um 5 Uhr wieder zu Hause sein.

3

a Sie besucht ihre Großeltern jedes Wochenende/Jedes Wochenende besucht sie ihre Großeltern.

b Mein Freund trifft/sieht seinen Vati samstags.

c Jeden Abend muss ich meinem Vati helfen/Ich muss jeden Abend meinem Vati helfen.

d Was ist eine typisch deutsche Familie?

e Heutzutage gibt es viele verschiedene Familienformen/Es gibt heutzutage viele verschiedene Familienformen.

f Mein Bruder fand seinen Partner/seine Partnerin beim Online-Dating/Mein Bruder hat … gefunden.

Word order (2) (page 12)

1

a Es gibt jedes Jahr im Oktober ein bekanntes Fest in München.

b Er ist gestern um halb drei nach Hause gekommen.

c Wir gehen jeden Tag zu Fuß zur Schule.

d Sie lebte im Jahr 2012 vier Monate lang in einem Zelt an einem Strand an der Ostsee.

2

a In Köln können Touristen den berühmten Dom jeden Tag mit oder ohne Führung besichtigen.

b Würdest du im Winter mit dem Auto im Schnee fahren?

c Mein Hund spielt oft mit einem alten Fußball in unserem Garten.

d Ich werde in den Sommerferien jedes Wochenende in einem kleinen Café in der Stadtmitte bedienen.

3

a How do you get to school every day?

b She buys clothes once a month with her pocket money, always in the same shops.

c He works in the restaurant from 5 to 7 every Tuesday evening.

d They rent the same holiday flat in a small village in Switzerland for two weeks twice a year.

In English, the time element often comes last in a sentence, whereas in German it comes first. The position of the place and manner elements is flexible in English according to emphasis.

Section 1

The present tense (2) (page 13)

1

a Meine Mutti schaltet den Fernseher jeden Abend an.

b Ich räume immer das Geschirr auf.

c Meine kleine Schwester will nie abräumen.

d Unser Schulbus fährt um 8 Uhr morgens ab und kommt um 9 Uhr an der Schule an.

2a

a verstehen, U **iv** to understand

b ausgehen, T **v** to go out

c beschreiben, U **ii** to describe

d teilnehmen, T **i** to take part

e einkaufen, T **iii** to shop

2b

Your own answers

3

a For three years he has been wanting to study in Switzerland and now it is working out.

b We have known each other since our childhood.

c Her parents have been divorced for five years now.

d My grandparents have only lived in this great apartment for four months.

e We have not done any sport for four weeks.

Modal verbs (page 14)

1

a iv b iii c v d i e ii f viii g vi h vii

2

a soll/sollte b kann c wollen d will e *muss* and *kann* are both possible, the difference is in the emphasis f müssen g darf

3

Your answers should be in the first person and e has to be *darf nicht*.

The perfect tense (2) (page 15)

1

a Sie hat den Vater lieber als die Mutter gemocht.

b Du hast keinen Partner gewollt.

c Er hat das Auto nicht sehen können.

d Wir haben nicht zu der Party gedurft.

e Ihr habt zur Hochzeit von euren besten Freunden gehen wollen.

f Ich habe zum Abendessen nach Hause gemusst.

2

a müssen b wollen c gedurft d können e gemocht f sollen

3

a Ihre Eltern haben sie mit ihrem Freund zusammenziehen lassen, als sie 18 war. **b** Ich habe es bei meiner Oma liegen lassen. **c** Mein Vater hat ihn nicht ausgehen lassen. **d** Meine Schwester hat mich nicht ins Haus gelassen.

Word formation (page 16)

1
a viii **b** vi **c** v **d** iv **e** i **f** ix **g** vii **h** ii **i** iii

2a
a die Bahnhofsuhr **b** die Kindergartentante **c** das Kinderkrankenhaus **d** das Altenpflegeheim **e** das Meinungsforschungsinstitut

2b
The compound noun takes the gender of the last word.

3
a Rauchen **b** Bezahlung **c** Forschung **d** Integration **e** Heizung **f** Flüchtlinge

Word order (3) (page 17)

1
a ii **b** v **c** iii **d** i **e** iv

2
a Die Sonnenallee, die im Bezirk Neukölln liegt, wurde durch einen Film bekannt/Die Sonnenallee, die durch einen Film bekannt wurde, liegt in Neukölln.
b Das Hotel, in dem wir übernachteten, war ein Vier-Sterne Hotel.
c Die alte Tradition, über die sie berichtet haben, kennt man nur in bestimmten Gegenden.
d Mein Freund, für den ich einen Kalender gekauft hatte, war ganz begeistert davon.
e Seid ihr zu dem neuen Reichstag, den Sir Norman Foster entworfen hat, gegangen/Seid ihr zu dem neuen Reichstag gegangen, den Sir Norman Foster entworfen hat?

3
a Die Stadt, die er im Sommer besuchte, ist für ihre Musikfestivals bekannt.
b Wir kannten die Leute, die wir gestern Abend trafen.
c Die Wohnung, die sie teilte, musste renoviert werden.
d Die Jugendherberge, in der sie wohnten/übernachteten, war ziemlich billig.

Prepositions and cases (page 18)

1
a A **b** DA **c** D **d** A **e** D **f** A **g** DD **h** A

2
a G **b** G **c** G or D **d** D **e** D **f** G **g** G **h** G or D

3
a die **b** dem **c** der **d** das **e** der/den **f** dem **g** der

The future tense (page 19)

1
a wird **b** werden **c** Wirst **d** werdet **e** werden **f** werde

2
a Die Digitalisierung wird das traditionelle Familienabendessen zerstören.
b In der Zukunft werden immer mehr ältere Leute den Computer benutzen.
c In zehn Jahren wirst du sicher einen gut bezahlten Beruf haben.
d Wir werden es machen müssen, ob wir wollen oder nicht.

3
a Nächstes Jahr im Frühling wird sie die Führerscheinprüfung machen (dürfen).
b Im Juni werde ich nach Deutschland fahren und im … (werde ich) nach Österreich (fahren).
c In fünf Jahren wird er wahrscheinlich …
d Wahrscheinlich werden sie … kaufen.

Personal and indefinite pronouns (page 20)

1

nominative	ich	du	er	sie
accusative	mich	dich	ihn	sie
dative	mir	dir	ihm	ihr

nominative	es	wir	ihr	Sie/sie
accusative	es	uns	euch	Sie/sie
dative	ihm	uns	euch	Ihnen/ihnen

2
a ihr **b** ihn **c** euch **d** dir **e** sie **f** mich

3
a iv **b** v **c** i **d** vi **e** ii **f** iii

4
a jeder **b** keine **c** jemandem **d** niemand *or* keiner **e** jeden **f** niemand *or* niemanden

Demonstrative and interrogative pronouns (page 21)

1
a dieser **b** diese, jene **c** Diejenige **d** Jener **e** dieses, jenes **f** dieses **g** diese

2
a Was **b** Wen **c** wen **d** wen **e** wem **f** Wer *or* Wen **g** Wessen **h** wem

3
a Wessen Handy ist das?
b Mit wem hast du/habt ihr/haben Sie Tennis gespielt?
c Wen hat er heute Morgen gesehen?
d Welcher Schal gefällt dir/euch/Ihnen besser – dieser oder jener?
e Es gibt so viele Videospiele hier, aber diese sind die besten.

Verbs and cases (page 22)

1
a 3 **b** 1 **c** 3 **d** 2 **e** 2 **f** 1

2a
auf einem … Musikfestival; in unserer Stadt; mit dem Zug; meiner Mutter; im Haushalt; bei der Gartenarbeit; mir

(leisten); auf einem … Festival; mir … (vorstellen);
mir … (gefallen); Ihr (fehlte); im Zelt

2b

auf einem … Musikfestival = prep *auf* + position
in unserer Stadt = prep *in* + position
mit dem Zug = prep *mit* + dative
meiner Mutter = verb *helfen* + dative
im Haushalt = prep *in* + position
bei der Gartenarbeit = prep *bei* + dative
mir (leisten) = verb *sich … leisten* + dative
auf einem … Festival = prep *auf* + position
mir … (vorstellen) = verb *sich … vorstellen* + dative
mir … (gefallen) = verb *gefallen* + dative
Ihr (fehlte) = verb *fehlen* + dative
im Zelt = prep *in* + position

3

a deinem Bruder **b** meinem Vater **c** ihm **d** uns unser ganzes
Taschengeld **e** seinen Schülern **f** keine Handys, ihren
Freunden **g** ihrer Meinung **h** deinen Ohren

The imperative (page 23)

1

a kauft **b** nehmen Sie **c** mach **d** kommt **e** Halten Sie an!
f Hört auf

2

a Hör **b** Schalte… ab **c** Schau… an **d** Mach… fertig **e** Triff dich
f Unterhalte dich **g** Geh

3

a Versucht, gesund zu essen!
b Trinkt nicht zu viel Alkohol! Es ist …
c Hör mit dem Rauchen auf, Stefan!
d Treib regelmäßig Sport, Anna!
e Sitzt nicht zu lange vor dem Computer!
f Iss nicht zu viele Kekse, Stefan!

Mixed practice (pages 24–27)

1

Infinitiv	Präsens	Perfekt	Imperfekt
erkennen	du erkennst	er hat … erkannt	wir erkannten
denken	wir denken	ihr habt … gedacht	ich dachte
bekommen	sie bekommt	sie (pl) haben … bekommen	du bekamst
verbringen	man verbringt	es hat … verbracht	ich verbrachte
passieren	es passiert	viel ist … passiert	nichts passierte
umziehen	ihr zieht … um	du bist … umgezogen	sie (pl) zogen … um
helfen	er hilft	ihr habt … geholfen	es half

2

a ist **b** hat **c** ist **d** sind *or* haben, haben **e** Seid

3

Es war kaum zu glauben. Meine beste Freundin wollte
heiraten. Dabei war sie erst 20. Was dachte sie sich dabei?
Ich wusste, dass ihre Eltern ihre Entscheidung auch nicht
verstanden. Wir trafen uns am Nachmittag und sprachen
darüber. Ich wollte ihr helfen, einzusehen, dass sie und Kai
noch viel zu jung für eine Ehe waren. Ihre Tante musste
unbedingt auch noch mit den beiden reden. Ich war mir
jedoch ziemlich sicher, dass es noch nicht zu spät für eine
Meinungsänderung war.

4

a Gehen Sie **b** Mach **c** folgen Sie **d** kauft

5

a trinken wird **b** werde … studieren **c** wird … heiraten
d wird … buchen **e** gehen werden **f** werdet … bekommen

6

a Ich werde ein paar neue Kleider kaufen, um mehr
‚in'/modischer auszusehen.
b Die Demonstration wird auf dem Marktplatz stattfinden.
c Wir haben beschlossen, dass wir nächste Woche bestimmt
keine Seifenopern im Fernsehen sehen werden.
d Meine Freunde werden sich alle in den nächsten Ferien um
Sommerjobs bewerben.
e Warte/Wartet/Warten Sie, Tanja schickt mir in fünf Minuten
eine SMS/wird mir in fünf Minuten … schicken.
f Wo wirst du/Wo werdet ihr/Wo werden Sie nächsten
Monat leben/wohnen?

7

a kann **b** hat **c** können **d** mussten **e** wollten **f** hat **g** lassen
h darf **i** will

8

a statt des Internets
b gegenüber dem Museum
c innerhalb der Gegend
d außerhalb des Stadtzentrums/der Stadtmitte
e wegen der Einwanderungsgesetze
f während der Demonstration
g ohne ihre Hilfe
h mit seiner Hilfe
i die Grenze entlang/entlang der Grenze
j neben ihren Nachbarn *or* neben ihre Nachbarn

9

a einer, einen **b** ins, im **c** der, die **d** Wem, diese **e** jemandem
f Keinem/Niemandem

10

a G **b** D **c** G, D, A **d** G **e** A, A **f** D, A **g** G, A

11

a Eine Schulgruppe aus England machte einen Austausch
mit einer Klasse eines Gymnasiums.
b Während des Aufenthalts besuchten sie interessante
Gedenkstätten.
c Am letzten Tag gab es eine Abschlussparty und alle
tauschten Adressen aus.
d Jeder Schüler kaufte seinem Austauschpartner ein kleines
Abschiedsgeschenk.

12

a helfen/fehlen, D **b** beschuldigen, G **c** fehlen/helfen, D
d danken, D **e** mögen, A **f** gehören, D **g** sich enthalten, G
h gefallen, D

13

a eines, G **b** der, dem; D, D **c** keine, meines; A, G **d** meinem, die; D, A **e** mir, mich; D, A **f** welchem, keiner; D, D

14

a sind … gekommen **b** gebraucht hat **c** haben … gehabt **d** haben … verdient **e** haben … geholt **f** sind … gegangen **g** haben … gelernt **h** ist … gewesen

15

a Mach … auf **b** darfst **c** werden … eröffnen **d** diese, jene **e** ihnen **f** hat … angefangen

Translation practice: German to English (pages 28–29)

1

a to know one's own limits
b to get to know someone
c to have wide general knowledge
d to understand, to be sympathetic to something
e to take care of/to look after something
f to have access to something
g to protect one's privacy
h to do something out of habit
i to exchange experiences
j to have an influence on something

2

a His little sister preferred to live with her mother.
b My parents (have) never asked after my friends.
c They learnt in school how you can protect yourself from cyberbullying.
d After his parents' divorce he moved to Austria with his father.
e Social networks are very popular with young people from Switzerland.

3

How old should you/one be when starting a relationship? At least 16, some say. It depends, you hear from others. Perhaps it really depends on each individual? Some young people aged 16 or 17 are more responsible than young adults. The ideas each person has about a relationship also play a part. If you have/one has realistic expectations of one's girl-/boyfriend a successful relationship is/will be more likely.

4

The Donots, a German punk band, have been making music for more than 20 years. Their music is popular not only in European countries such as Italy or Austria but also in Japan, where they have been on/had several successful tours. They succeeded in their dream of also becoming known in the USA and of performing there in 2012 after the album "Wake the Dog" was released in America. When they then actually performed in a sold-out venue in Los Angeles their dream became reality/ came true.

5

Nobody wants to become a victim of cyber crime. You should pay attention to/follow the following advice:
-    Make sure that your data is well protected.
-    Be careful/cautious if you receive unexpected bills or reminders.

And here are some important hints for young internet users:
-    Don't put any info about where you live, your date of birth, telephone numbers and email addresses on social networks.
-    Check who can view your data.
-    Be careful with invitations to parties or other events.

Translation practice: English to German (pages 30–31)

1

a einer Karriere nachgehen
b ich finde es störend
c versäume nicht
d das ist nicht der Fall
e türkischstämmig
f Spaß machen
g unser soziales Umfeld
h sinnlose Zeitverschwendung
i in aller Welt/in der ganzen Welt
j den Abend genießen

2

a Im Großen und Ganzen kommt sie gut mit ihren Eltern aus/ versteht sie sich gut mit …
b „Bitte, seid vernünftig", riet der Reiseführer/Reiseleiter den jungen Leuten/den Jugendlichen.
c In den kommenden Jahren wird das Internet sich noch mehr ausbreiten.
d Vor Jahren lebte/wohnte die Familie in einem Wohnwagen an der Südküste von Wales.
e Ob er ein neues Smartphone kauft oder nicht, kommt auf den Preis an/hängt vom Preis ab.
f Mein Vater kocht viel im Vergleich zu meinem Onkel.
g Verlier die Karte nicht! Sie kostete viel Geld, Oli.
h Ich muss sagen, dass es stressig sein kann, mit Freunden zu streiten.

3

Wo sind/stecken die deutschen Modedesigners? Außer Karl Lagerfeld fehlt es hier sicherlich an bekannten Namen ebenso wie an einer Modemetropole. Wer eine neue Kollektion vorführen/vorstellen will, zeigt sie nicht in München, sondern in Mailand. Berlin ist berühmt wegen seiner Geschichte, nicht seinen/seiner Einkaufszentren. Auf der anderen Seite gibt es selbstverständlich/natürlich viele Deutsche, die sich für Mode interessieren und ihren eigenen (Kleidungs)stil haben.

4

Oft fehlt es jungen Leuten heute/Jungen Leute fehlt es heute oft an der Gelegenheit, ein Instrument zu lernen oder zusammen zu musizieren, weil der private Musikunterricht teuer ist und musikalische Projekte im Allgemeinen nicht an allen Schulen eine Priorität sind. Bei dem Projekt „Zusammen musizieren/Musik machen" geht es darum, verschiedene Musikstücke zu erlernen und sie dann vor Eltern oder Freunden aufzuführen. Auf diese Weise werden nicht nur Kreativität, sondern auch Durchhaltevermögen und Spaß am Musizieren gefördert.

5

Die Schweiz gehört zu den Ländern, die eine hohe Lebensqualität und ein ausgezeichnetes Gesundheitswesen haben. Es ist daher keine Überraschung, dass viele Schweizer Familien behaupten, glücklich zu sein. Die Leute in der Schweiz heiraten ziemlich spät. Im Durchschnitt sind die Frauen 29 und die Männer mindestens 30, wenn sie heiraten. Das ist leider keine Erfolgsgarantie, da mehr als 50 Prozent von Ehen in einer Scheidung enden. Die meisten Familien leben/wohnen in bequemen gemieteten Wohnungen/Mietwohnungen, weil die Lebenshaltungskosten sehr hoch sind und sie sich kein eigenes Haus leisten können.

Section 2

The passive with *werden* (page 32)

1

a wurden … besucht
b sind … organisiert worden
c war … verkauft worden
d muss … berichtet werden

3

a Der Gemeinschaftssinn in einer Gesellschaft wird durch Traditionen gefördert/Durch Traditionen wird der Gemeinschaftssinn in einer Gesellschaft gefördert.
b Die Gemälde von Paul Klee sind von Surrealismus und Kubismus beeinflusst worden.
c Viele bedeutende Kunstwerke wurden von der Künstlergruppe *Der Blaue Reiter* produziert/Von der Künstlergruppe *Der Blaue Reiter* wurden viele bedeutende Kunstwerke produziert.
d In den nächsten Jahren wird vor allem die nachhaltige Bauweise weiter entwickelt werden.
e In vielen deutschen Städten wird jedes Jahr am 11. November ein Laternenumzug veranstaltet/Ein Laternenumzug wird in vielen deutschen Städten am 11. November veranstaltet.

The imperfect tense (2) (page 33)

1

a du musstest b ihr wart c sie konnte d ich mochte
e man hatte f wir durften g er wollte h du hattest i sie waren

2

a wollten/mussten b konntest c durfte d wollte, musste
e sollten f mochte g mochtest, wolltest h konnten

3

Endlich trafen meine Freunde und ich eine Entscheidung. Alle waren damit einverstanden. Wir wollten in den Sommerferien eine Woche nach Berlin fahren. Da wir alle in der Oberstufe Deutsch lernten und bald Abitur machten, hofften wir, besonders unsere Grammatik verbessern zu können. Zuerst brauchten wir eine Unterkunft. Glücklicherweise fanden wir ein günstiges Vier-Bett-Zimmer ganz in der Nähe des Alexanderplatzes, was wir auch nahmen. Dann suchten wir einen Billigflug. Wir mussten aber schnell buchen, weil es gerade so billig war. Meine Mutter kannte sich gut in Berlin aus und gab uns Tipps, was wir uns ansehen sollten, aber auch was wir nicht machen durften.

Separable and inseparable verbs (page 34)

1

a Die Familie gab viel Geld für die neuen Möbel aus.
b Sie denkt über die Vor- und Nachteile eines Studiums an einer Kunsthochschule nach.
c Nächste Woche fangen die Vorbereitungen für die diesjährige Weihnachtsfeier an.
d In der Diskussion um die Organisation des Sommerfestivals schlug man viele aufregende Ideen vor.

2

behaupten	U	to claim
empfangen	U	to receive
feststellen	T	to notice, to point out
heraussteigen	T	to climb out, to get out
losfahren	T	to drive off
übersehen	U	to overlook
unternehmen	U	to make, to undertake
zurückkehren	T	to return

3

a besucht, abgesucht b umsiehst, übersehen c geht … unter, vergeht d bestellst, abgestellt

Reflexive verbs and impersonal verbs (page 35)

1

a zogen uns … an b ärgerte mich c haben sich … gefreut
d werdet euch … amüsieren e duscht sich f dich … unterhalten g hat sich … gestritten h langweilt euch
i haben uns … interessiert

2

a Kannst du dir ein Leben ohne Auto vorstellen?
b Trotz ihres Alters gelang es ihr einen Samstagsjob zu finden.
c Schon als wir an der Uni waren, interessierte er sich für die Umwelt.
d Leider ignorierten sie sich total und begrüßten sich nicht/Leider begrüßten sie sich nicht und ignorierten sich total.

3

a ii b v c i d iii e iv

Word order (4) (page 36)

1

a vi b iii c vii d viii e i f ii g iv h v

2

a *da* verb at the end
b *während* verb at the end
c *wie* verb at the end
d *Obwohl* verb – comma – verb
e *sondern* after a negative statement

3

a Wien hat eine lange Tradition als Stadt internationaler Architektur, denn viele berühmte Architekten studierten dort.
b Ich werde auf jeden Fall das Brücke-Museum besuchen, obwohl ich nicht sehr viel von Kunst und Malerei verstehe.

c Er will sich den Kunstführer für die Museen Berlins kaufen, damit er sich später alles noch einmal durchlesen kann.

d Meine Schwester ist sich nicht sicher, ob die Ausstellung ihrem Freund gefallen wird.

e Bevor sie das Quiz über moderne Kunst gewinnen können, müssen sie sich noch viel besser darüber informieren.

Comparatives and superlatives (page 37)

1

a kälter b kälteste c nicht so d am kältesten e genauso gern f lieber g liebste f am liebsten

2

a früher als b später als c meisten d besinnlicher als, mehr e Am schönsten f jüngere, älteren g am besten

The pluperfect tense (page 38)

1

a *hatte* After he had worked as a volunteer in Africa for a year, he began studying at university.

b *hatte* Before sitting/doing the German exam, he had spent a month in Freiburg with his German friend.

c *hatte* When she was only a child/As a child she had acted a lot and so/therefore nobody was surprised that she became an actress.

d *war* The little boy had climbed up the tree because he was afraid of the dog in the garden.

e *hatten* We had already taken off our coats again before we were in the house.

2

a hatte … gemacht b hatte … vorgehabt c hatte … festgehalten d war … gekommen e geblieben waren

3

a hatten, besichtigt b gehabt c hatten d gesammelt, waren, gekommen

Adjectival endings (1) (page 39)

1

a genitive plural b nominative plural c accusative masculine d dative neuter

2

a ein berühmter deutscher Schriftsteller b eine junge Frau c Ein anderes erfolgreiches Stück d Mit seinem politischen Theater

3

a einer multikulturellen Stadt, eine große Rolle

b in ihren bunten Kostümen, die belebten Straßen

c das alte jüdische Viertel

d des jüdischen Lebens

e ein neues Wir-Gefühl, des einmaligen Engagements, ein riesiger Erfolg

Infinitive constructions with and without *zu* (page 40)

1

a iv b vi c v d i e ii f iii

2

a fahren b zu bleiben c finden d besichtigen e zu sprechen

3

a Sie kaufen sich einen Reiseführer, um die Stadt unabhängig zu erkunden.

b Sie geht lieber zu Fuß, anstatt mit der Straßenbahn zu fahren.

c Er überquert die Straße, ohne auf den Verkehr zu achten.

d Wir sehen jede Woche einen deutschen Film, um unser Deutsch zu verbessern.

e Du hast nichts mehr zu tun, außer das Abendessen zu kochen.

The imperfect subjunctive in conditional sentences (page 41)

1

a iv b i c iii d ii

2

a Sie nähme die größere Wohnung, …

b Ich ginge mehr zu Fuß, …

c Sie hätten mehr Freunde, wenn sie weniger vor dem Fernseher säßen.

d Er zöge gern nach Berlin, wenn er ein billiges Zimmer fände.

3

a Wenn sie in der Schweiz studieren könnte, sparte sie die Studiengebühren/würde sie die Studiengebühren sparen.

b Wenn mein Vater mehr Talent hätte, könnte er seine eigene Ausstellung organisieren.

c Wenn wir ins Ausland reisen dürften, sollten wir eine Europatour machen.

d Wenn er die Wahl zwischen Zug und Auto hätte, wählte er sicher den Zug/würde er sicher den Zug wählen.

Mixed practice (pages 42–45)

1

a Die Schüler werden von den Eltern zum Flughafen gebracht.

b Die Reisepässe werden kontrolliert.

c Die Sitzplätze sind von der Stewardess verteilt worden.

d Getränke sind während des Fluges angeboten worden.

e Die Flugpassagiere werden von dem Piloten begrüßt.

f Die englischen Schüler sind am Flughafen Zürich von den Gastfamilien abgeholt worden.

2

a In Berlin hat fast jeder Bezirk seine eigene Szene, da die Stadt sehr vielseitig ist.

b Obwohl sie Deutschland gut kennen, waren sie noch nie in Berlin.

c Sie haben während ihres Aufenthalts in der Schweiz viele Traditionen miterlebt.

d Berlin war in den 20er Jahren weltweit für seine Kunstszene bekannt.

e Wenn die Berliner Vergnügen und Ablenkung suchten, gingen sie zum Kurfürstendamm.

3

a Ich bereite verschiedene Salate und Snacks vor.

b Ich nehme auch (daran) teil.

c Sein Chef entlässt ihn.

d Sie entspannt sich und schaltet ab.

e Sie haben sie dankend angenommen.

4

a … liberal … liberaler … am liberalsten

b … gut … besser … am besten

c … lecker … leckerer … am leckersten

d … hoch … höher … am höchsten

5

a Wien ist die schönste Stadt in Österreich.

b Ich finde Kunst interessanter als Musik.

c Was ist die beliebteste Fernsehserie?

d Wer hat den billigsten Pullover?

e Wo ist die älteste Kirche?

6

a fragte … sich

b uns … vorstellen

c euch weigert

d dich … einigen

e mich … freuen

f kennen sich

g euch … getroffen und euch … unterhalten

7

a ohne ihr Handy zu leben.

b in einer Disko, anstatt ins Theater zu gehen.

c zwei Stunden, um mit dem Auto zur Arbeit zu fahren.

d um den Text besser zu verstehen.

8

a reservieren **b** einzuladen **c** zu organisieren **d** tun **e** zu sehen, nehmen

9

a Als wir in Wien waren, guckten wir uns natürlich den Prater an.

b Wir fuhren mit dem berühmten Riesenrad und hatten eine einmalige Aussicht.

c Anschließend suchten wir uns ein gemütliches Kaffeehaus, wo wir Apfelstrudel mit Schlagobers aßen.

d Es schmeckte total lecker, aber die Rechnung überraschte uns, da alles viel teurer war als erwartet.

10

a war, konnten **b** sprachen, fanden **c** ankamen, mussten, übernachten **d** war **e** luden, unterhielten

11

a wüssten, bräuchten **b** hättest, könntest **c** wären, könnte

d müsste, träfe **e** ständen, wären **f** Sollte, könntet

g läsen, wäre

Translation practice: German to English (pages 46–47)

1

a it is said

b it must be done

c destroyed by an earthquake

d opened by the queen

e less expensive

f not as friendly as

g the most traditional festival

h without reading properly

i they intend/are planning

j to have a good conversation

k was not able to decide

l the bigger the better

2

a Many soldiers have been/were killed by bombs in the war.

b Some, however, were saved by doctors.

c The locals did not have to pay (anything).

d Were you allowed to watch the film?

e Without waiting for the others he got on the train.

f Where did they meet/get to know each other?

g Nobody took care of/looked after him.

3

Although the Berlin Wall fell more than 25 years ago, pieces of the wall are still an extremely popular souvenir. In numerous shops pieces (of the wall) are offered in various sizes and colours at prices between 6 and 100 euros. And if you ask the shop owners, they all agree that selling them is worth it/pays off. But the online business is also doing well. The question of whether these parts of the wall are really genuine, however, remains unanswered.

4

There are Christmas markets all over Germany but none is as well known as the Nuremberg Christkindlesmarkt. It is even said that it is one of the most popular in the whole world. While in England Santa Claus brings the presents, in Germany it is the Christkind who puts the presents under the Christmas tree on Christmas Eve. When the Christmas market opens the children give their wish lists to the Christkind. For the adults the Christkind is supposed to bring calm/tranquillity to the pre-Christmas stress.

5

You find graffiti mostly on the walls of houses or stations and goods trains – it belongs nowadays to almost every town/is part of … . Graffiti is actually forbidden, as it destroys the town/cityscape. However, in spring 2016 the University of Paderborn and the Institute for Technology in Karlsruhe started a research project which intends to examine more closely the language and the pictures/images of graffiti in cities such as Munich and Cologne. Although graffiti is mainly associated with colourful pictures, over 90 per cent is said to consist of words or even sentences. In this way the language and the pictures/images can inform us about the people in the town.

Answers

Translation practice: English to German (pages 48–49)

1

a wir mussten **b** das Kind durfte **c** niemand nimmt … teil
d es wurde vorgeschlagen **e** von einem Hund gefolgt **f** durch
Lärm gestört **g** ist geöffnet worden **h** so schnell wie möglich
i weniger als fünf **j** anstatt zur Schule/in die Schule zu gehen
k ohne sich zu bewegen **l** freute mich/sich auf

2

a Sie musste das Land verlassen.
b Sie durften ihre Meinung nicht ausdrücken.
c Warum konntest du/konntet ihr/konnten Sie nicht bleiben?
d Wir lesen gern, aber wir hören lieber Musik.
e Ich kaufte den billigsten Stadtplan.
f Es gibt weniger Migranten in Dörfern als in Städten.
g Gestern fuhr er mit seinem neuen Auto zur Schule.
h Diese Gebäude waren von einem berühmten Architekten
entworfen worden.

3

Wussten Sie/Wusstest du, dass es in Wien schon seit zehn
Jahren einen Kunstsupermarkt gibt? Er öffnet weniger als
normale Geschäfte/Läden – nur drei Monate im Jahr. In vorigen
Jahren haben mehr als 80 Künstler aus verschiedenen Ländern
ihre Originale/originalen Werke zum Verkauf angeboten.
Die Kunden können zwischen Zeichnungen, Gemälden und
Photographien auswählen. Die Preise scheinen teurer als in
einem normalen Supermarkt, aber wenn ich die Gelegenheit
hätte, würde ich gern dorthin gehen.

4

Traditionen in der Schweiz sind öfter regional oder sogar
lokal als national. Das trägt zur/zu der Vielseitigkeit des
Schweizer Kulturlebens bei. Während der Sommermonate/
den Sommermonaten gibt es beliebte Feste wie die Waliser
Kuhkämpfe. Das Gebiet um den Genfer See ist bekannt
für seine Sommerfestivals/sommerlichen Festivals mit
Volkstänzen und Konzerten. Besucher können jedoch auch
leckere regionale Spezialitäten ausprobieren oder sich auf
Schönheitswettbewerbe für Kühe freuen und das schönste
Tier auswählen.

5

Ein originelles Projekt, das Theater und Architektur verbindet,
wird zur Zeit in Berlin Tempelhof, dem früheren/ehemaligen
Flughafen der Stadt, geplant. Der Architekt ist Francis Kéré, der
aus Burkina Faso kommt und seit 2005 in Berlin lebt/wohnt.
Seine Absicht ist es/Es ist seine Absicht, ein mobiles Theater
in einem zeitgenössischen Stil zu bauen. Das Gebäude wird
für rund/ungefähr 1000 Leute/Menschen Platz haben und aus
einer Bühne bestehen, die beweglich ist. Das bedeutet, dass sie
sowohl drinnen als auch draußen aufgebaut werden kann. Das
berühmteste Werk des Architekten heißt „Operndorf" und wird
in den nächsten Monaten in München ausgestellt.

Section 3

Weak masculine nouns (page 50)

1

a Nachbar (*nominative*)
b Studenten (*dative*)
c Jungen (*accusative*)
d Präsidenten (*genitive*)
e Junge (*nominative*)
f Kunde (*nominative after* sein)

2

a Experte **b** Kunde **c** Kollege, Kunden **d** Präsident **e** Elefant
f Bauern **g** Soldaten, Helden **h** Experten

3

a Gedanken **b** Willens **c** Herzen **d** Glauben **e** Frieden
f Glaubens

4

a Sie kaufte ein Kissen in der Form eines Herzens.
b Wie findest du/findet ihr/finden Sie den neuen Kollegen?
c Niemand will mit dem neuen Kollegen reden/sprechen.
d Die Postkarte des Soldaten war sehr interessant.

Complex adjectival phrases (page 51)

1a

a iii **b** iv **c** i **d** ii **e** v

1b

a We were looking forward to an exciting performance.
b He welcomed us with fake friendliness.
c They could not afford the journey any more because of the
rising petrol prices.
d I was impressed by the young people dancing.
e He had to stay behind for an hour because of the
homework he had copied.

2a

a veröffentlichte **b** erlernten **c** motivierende **d** durchtanzten
e genähte **f** autofahrende **g** erfrischendes

2b

a The book, which was published ten years ago, is still
read today.
b Because of/With the knowledge of German she acquired
in a language course, she succeeded in finding work/
managed to find work.
c Without our teacher, who is extremely motivating, the
lessons are so boring.
d After dancing through the night everyone was totally
exhausted.
e The hand-sewn blouse was really pretty but very
expensive.
f There are more and more young people driving cars.
g They were looking forward to a refreshing beer.

Adjectival endings (2) (page 52)

1

a große **b** guten **c** gültigen **d** italienischen **e** Belgisches,
französisches **f** starkem **g** Unreife **h** ausgezeichnete

2

a neue **b** alten **c** Verwöhnte **d** kulturelle **e** getrocknete,
frischer **f** illegale **g** allseitiger **h** knuspriges, weichem
i wertvoller **j** kleinen

Possessive and interrogative adjectives (page 53)

1
a Seine **b** ihrer **c** deinen **d** unsere **e** Ihre **f** ihrer, ihrer **g** eurem
h eure **i** sein **j** ihr

2
a Welcher **b** welcher **c** Welchen **d** welcher/welchen **e** welchen
f welchem **g** welcher **h** Welches **i** welcher **j** welchem
k welches

The subjunctive in indirect speech (page 54)

1a
a bereitstelle **b** wolle **c** sei **d** hätten **e** gäbe

1b
Using the passive of *sagen* as in '*es wird gesagt, …*' or *wie* +
subject + a verb such as '*wie ich gelesen habe, …*' and with
verbs such as *hören, lesen, behaupten, der Meinung sein, sagen.*

2
a Es wird behauptet, die Arbeitsbedingungen für
   Migranten seien häufig unzureichend *or* …, dass die
   Arbeitsbedingungen für Migranten häufig unzureichend
   seien.
b Wie ich gelesen habe, gebe es viele leerstehende Wohnungen
c Die Politiker sagen, keiner wolle die Flüchtlinge in ihre
   Heimatländer zurückschicken *or* …, dass keiner die
   Flüchtlinge in ihre Heimatländer zurückschicken wolle.
d Sie fand, die neuen Pläne sähen gut aus *or* …, dass die
   neuen Pläne gut aussähen.

3
a gewesen seien **b** hätten … bemüht **c** gegessen habe
d bezahlt hätte **e** gearbeitet habe

Negatives (page 55)

1a
a iii **b** vi **c** i **d** iv **e** ii **f** viii **g** vii **h** v

1b
adverbs: *nicht, nie, nicht mehr, nirgends*
adjectives: *kein*
pronouns: *niemand, nichts, keiner*

2
a nicht mehr **b** keinen, nichts **c** Niemand *or* Keiner **d** Nirgends
e kein **f** nie **g** niemandem *or* keinem

3
a Es ist nicht einfach, …
b … nicht sehr interessant gefunden.
c … nicht überrascht *or* nicht wirklich überrascht.
d … nicht probieren?
e Sie versteht nicht, …

Cases (revision 1) (page 56)

1
a A **b** A **c** N **d** D **e** D **f** N, G **g** G, A

2
a die Wähler **b** den Arbeitern **c** der Bürger **d** einen Film, der
Klasse **e** einen Hund **f** meines Freundes/meiner Freundin

3
accusative: *durch, um, für, ohne*
dative: *zu, mit, bei, nach, seit*
genitive: *wegen*
acc/dat: *in, zwischen, hinter, an, neben, vor, unter, auf*

4
a dem **b** die **c** der **d** einer **e** meine, ihren **f** des Sturms/Sturmes

Mixed practice (pages 57–60)

1
a ii **b** iv **c** iii **d** v **e** i **f** vi

2
a Kollegen **b** Soldat **c** Elefanten **d** Nachbarn **e** Namen **f** Neffe
g Fremden **h** Junge

3
a Keiner **b** Experten **c** Kunden **d** Namens **e** Menschen
f Assistent

4
a unserer, politisches **b** meiner, aktive **c** einer **d** ihrem, eine,
einen **e** seine **f** ihrer

5
a der, einem anderen **b** Das, eine, eine **c** einem
d ausgebildeter **e** einem deutschen **f** dem verdienten,
seinem, ein modernes **g** ein talentierter, gute **h** einen
zuverlässigen

6a
a wieder aufgebaute **b** in Meißen liegende **c** grenzende
Bundesland **d** geborene Komponist **e** bekannt gewordene

6b
a The baroque church, re-built in 2005, is beautiful.
b The ceramics factory which is situated in Meißen is well
   known in the whole state.
c The Bundesland (federal state) which has a border with
   Poland in the east is called Sachsen/Saxony.
d Robert Schumann, the composer, born in 1810, was from
   Saxony.
e The town of Zwickau, which became known for its car
   industry, is situated in the southwest of the (federal) state.

7
a D, D **b** N, A **c** N, D **d** N, G **e** N, N **f** A, G

8
a bei **b** mit **c** vom, zur **d** seit, bei **e** am **f** zum, zur

9
a dem Denkmal **b** die Brücke **c** einem Baum **d** eine Bank **e** das
Haus **f** einen Liegestuhl **g** dem Haus **h** den Boden **i** ein leeres
Glas **j** dem Glas

10
a sei **b** habe/hätte **c** hätten **d** habe/hätte **e** gebe **f** müsse

Answers

11

Sie sagte, sie sei die Katya und sie freue sich, dass so viele heute Abend ins Jugendzentrum gekommen seien. Sie wolle uns zuerst etwas über den Grund des Treffens erzählen. Letzte Woche sei ein junger Flüchtling aus Syrien von ein paar betrunkenen jungen Männern auf der Straße beleidigt worden. Sie hätten zu ihm gesagt, er solle wieder in seine Heimat zurückkehren. Er habe in Mannheim nichts zu suchen. Ausländer wie er nähmen nur die Arbeit der Deutschen weg. Dann hätten sie ihm gedroht und seien ihm bis zur Flüchtlingsunterkunft gefolgt. Der Flüchtling sei erst seit zwei Monaten hier in Mannheim.

Ihrer Meinung nach dürften wir so ein Verhalten hier in unserer Stadt nicht dulden. Sie fragte, ob wir ihr doch sicher alle zustimmten? Deshalb wolle sie eine Demonstration mit Plakaten organisieren, die unsere Solidarität mit den Flüchtlingen in unserer Stadt zeige.

Translation practice: German to English (pages 61–62)

1
a the customer's order
b nobody/no one knows it
c not to know anyone/to know nobody/no one
d not to be able to see anything/to be able to see nothing
e not to feel/be at home anywhere
f for what reason?
g the prejudices of the locals
h not to believe anybody/to believe no one
i a boy (who is) deep in thought
j on the bike which was/is approaching us

2
a Everyone asked/People asked themselves where he was from.
b According to the article nobody knew whether the project had already started.
c It was often claimed that migrants had been a burden on the state.
d As a skilled worker one is in demand everywhere.
e It is said that one wants to avoid the mistakes of the past.
f The politicians say that there is now a programme for integration which is to be taken seriously.

3
As I read in a brochure, there are many lakes in Bavaria. The Tegernsee, which is visited particularly by tourists who want to rest/relax, is apparently not only one of the most picturesque but also one of the cleanest lakes in the (federal) state. The Königssee is known for its depth. On its shore is a church worth seeing, which you can admire from the popular boat trips on the lake. The Chiemsee with its three islands is the largest Bavarian lake.

4
Young people nowadays are only interested in their own problems, aren't they? What young people still belong to a club these days? I don't know any. Despite the numerous/countless opportunities to take part in social or sporting activities, most sit at home in front of their computers. Only a few worry about the environment and, when they are asked for their opinion on political issues/topics, there are quite a number who (say they) wouldn't take part in either a national parliamentary election or an election for the state parliament.

5
As part of the initiative "Schools without racism", pupils all over Germany are committing to a peaceful and tolerant life together/living side by side with others in peace and tolerance.

Despite racist assaults and attacks on refugee accommodation, as well as the spread of right-wing populist ideas, the members of "Schools without racism" are not losing heart but are remaining optimistic. In Berlin about/around 10 per cent of all schools are already taking part/joining in. Pupils and teachers together discuss human rights and the link between anti-semitism and racism. Projects are also (being) promoted, in which prejudices are broken down by doing sport together and friendships are formed that go beyond culture, language and origin.

Translation practice: English to German (pages 63–64)

1
a nichts Neues
b als ob
c es sei denn
d mit dem Elefanten
e in welcher Stadt?
f beim/bei dem/an dem/am Einwanderungsamt
g seit ihrer Kindheit
h trotz unserer Hilfe
i wegen ihrer Religion
j mit einer besseren Ausbildung

2
a Sie trafen den Flüchtling an der Grenze.
b Wenn es nach mir ginge, würde ich wählen.
c Jedes Land sollte seine Eigenheiten behalten.
d Europäisches Bewusstsein bedeutet für mich Toleranz und Offenheit.
e Wir würden für keinen der Politiker wählen.
f Sie sagt, sie sei nicht aus Syrien.
g Kein Experte wird deiner/eurer/Ihrer Idee zustimmen.
h Unsere Schule hat dieses Jahr keinen deutschen Assistenten/keine deutsche Assistentin.

3
Seit 1. Januar 2009 ist es einfacher (geworden), nach Deutschland einzuwandern. Damals hatte Deutschland einen Mangel an Experten und hochqualifizierten Arbeitern, da viele Deutsche nicht die nötigen Qualifikationen für gewisse Beschäftigungen/Arbeitsstellen hatten. Die Regierung hoffte, dass das Angebot eines hohen Gehalts für ausgebildete Migranten attraktiv wäre/sein würde/sein werde. Es hieß/Es wurde gesagt, dass es als Folge davon mehr Wirtschaftswachstum gäbe/geben würde/geben werde. Welches Bundesland würde die meisten Zuwanderer anstellen?

4
Nach dem Fall der Mauer wurden die zwei deutschen Staaten, die kommunistische DDR und die kapitalistische BRD, wiedervereint. Niemand hätte gedacht, dass die Veränderungen so schnell passieren könnten/dass es sich so schnell verändern könnte. Es hatte Demonstrationen

gegeben und die Mehrheit der DDR-Bürger hatten Reformen und mehr demokratische Rechte gefordert, aber nicht jeder wollte ein vereintes/vereinigtes Deutschland. In der ehemaligen DDR war Arbeitslosigkeit kein Problem gewesen, aber nach der Wiedervereinigung waren viele ostdeutsche Qualifikationen nichts mehr wert.

5

„Junge Leute haben heutzutage weder die Energie noch die Zeit für Politik." Ist das nicht eine weitverbreitete Annahme? Hier sind zwei junge Leute, die das Gegenteil beweisen:

Oliver ist 18 Jahre alt und Mitglied seiner FDP-Ortsgruppe. Er beschloss, politisch aktiv zu werden, nachdem er eine Rede von Guido Westerwelle gehört hatte. Es war kein bestimmtes Problem/Thema, das ihm/für ihn wichtig war, sondern die Ideen einer liberalen Partei im Allgemeinen/allgemein.

Für die 20-jährige Emma ist politisches Engagement auch wichtig. Sie machte sich Sorgen über die wachsende Beliebtheit populistischer Parteien und die radikal konservative Einstellung in vielen Ländern. Das motivierte sie (dazu), eine Juso-Gruppe für junge Sozialdemokraten in ihrer Heimatstadt zu gründen.

Section 4

Using a mix of tenses (page 65)

1a

Bestimmung	Übersetzung	Zeitform des Verbs
vor zehn Jahren	ten years ago	Imperfekt, Perfekt
abends	in the evening, evenings	Präsens, Imperfekt
morgen früh	tomorrow morning	Futur I, Präsens
letzten Sommer	last summer	Imperfekt, Perfekt
eines Tages	one day	Imperfekt, Futur

1b

Most time elements referring to the past can be used with either the perfect or the imperfect (more formal).

Time elements such as *eines Tages* are used with the imperfect when they imply a narrative, or with the future tense if they are introducing a definite future plan.

Time elements which refer to the future can be followed by the present tense or the future.

2

a haben … beschlossen b habe *or* hatte, werde … sein
c beendet hatte, machte d Gehst, fängst … an

3

a Meine beste Freundin/Mein bester Freund hoffte, im Sommer einen Job in der Schweiz zu finden.
b Letztes Jahr besuchten sie das Europäische Parlament in Straßburg/haben sie das Europäische Parlament in Straßburg besucht.
c Seit zwei Jahren studieren sie an der Universität Freiburg Politik.
d Als die Polizei ankam, packten sie ihre Koffer/waren sie dabei, ihre Koffer zu packen.

Prepositional adverbs (page 66)

1
a v b vi c iii d i e iv f ii

2
a Wohin b herein c Woraus d hinunter e Worum f dazu
g hinauf h Worauf

3
a davon b darauf c darüber d darauf e darüber f darauf

4
a Es tut mir leid, dass du krank bist/ihr krank seid/Sie krank sind. Ich wusste nichts davon.
b Wofür sparst du/spart ihr/sparen Sie?
c Sie rannte allein den Berg hinunter.
d Wir werden uns sofort darum kümmern/Wir kümmern uns sofort darum.

The future perfect tense (page 67)

1
a Bis morgen werden sie alles geplant und organisiert haben.
b Bis nächsten Sonntag wirst du von ihr gehört haben.
c Sie wird zu viel zu tun gehabt haben.
d Sie werden mit dem Zug und nicht mit dem Bus gekommen sein.
e Bis Ende des Jahrzehnts wird es viele Diskussionen über Umweltschutz gegeben haben.

2a
a Bis Ende des Jahrzehnts werden Umweltprobleme unsere Architektur beeinflusst haben.
b In vielen Ländern werden die Regierungen das Wahlalter auf 16 gesenkt haben.
c Wissenschaftlern wird es gelungen sein, neue Medikamente zu entwickeln.
d Roboter werden viele Menschen in verschiedenen Jobs ersetzt haben.
e Die Zahl an elektrischen Autos wird stark angestiegen sein.

2b
Answers could include:
Ich werde an der Uni studiert oder eine Ausbildung gemacht haben.
Meine Freunde und ich werden mit einem Interrailticket durch Europa gereist sein.
Ich werde eine neue Fremdsprache gelernt haben.
Ich werde nach Australien geflogen sein.
Ich werde in einem anderen Land gelebt haben.

Modal particles (page 68)

1
a i b ii c i d i e ii

2a
Silke: Hi Pinar. So, what was the film like?
Pinar: Well, the plot was nothing special, really – a typical thriller. The actors were just so good/really good (though).
Silke: But you knew that it was a thriller, didn't you?
Pinar: Sure, and the main actor – I can't remember his name right now – was so cool.

Silke: So/Well, would you recommend the film, then?
Pinar: Actually, yes, it's just an entertaining film and they are just not always demanding.
Silke: Exactly, well, I may well watch it tomorrow evening, then.

2b

Silke: na – *interest*
Pinar: naja … halt – *resignation*, schon – *emphasis*
Silke: aber … doch – *contradiction*
Pinar: schon – *affirmation*, gerade – *emphasis*
Silke: denn – *interest*
Pinar: eigentlich schon – *affirmation/concession*, eben – *emphasis*, nun mal – *casual*
Silke: na dann – *casual*, wohl – *probability/speculation*

Word order (5) (page 69)

1

a Langsam ging der Fremde auf das Gebäude zu.
b Da er den Sprachtest bestanden hat, dürfte die Prüfung eigentlich kein Problem sein.
c „Kalt und neblig war die Nacht." So begann der erste Abschnitt ihres neuen Romans.
d Dem Lehrer habe ich von dem Zettel nichts gesagt.

2

a In der DDR hat es zwischen August 1989 und April 1990 mehr als 3000 Protestaktionen gegeben/Mehr als 3000 Protestaktionen hat es zwischen August 1989 und April 1990 in der DDR gegeben.
b Auch heute noch ist die ostdeutsche Literatur zur Zeit der Wende für Jugendliche interessant/Für Jugendliche ist die ostdeutsche Literatur zur Zeit der Wende auch heute noch interessant.
c In der DDR prägte die kommunistische Ideologie das ganze Leben/Das ganze Leben prägte die kommunistische Ideologie in der DDR.
d Nicht nur bei Dichtern war die Stadt Weimar früher beliebt, sondern auch bei Musikern/Früher war die Stadt Weimar nicht nur bei Dichtern beliebt, sondern auch bei Musikern.

3

a In Berlin gab sie ihm ein Souvenir.
b Der Tourist kaufte gestern einen Reiseführer.
c Wir sind nach dem Wochenende wieder nach Hause gefahren.
d Sonnig war es gestern den ganzen Tag/Gestern war es den ganzen Tag sonnig.

The pluperfect subjunctive in conditional sentences (page 70)

1

a iii b v c i d vi e iv f ii

2

a … gehabt, wären wir nicht nass geworden b … wärst, … mitgenommen c … nicht so spät gesagt hätte
d … bedacht hätten, … geblieben e … ihr den Artikel gelesen, … Bescheid gewusst

3

a studiert hättest, hättest … gewusst b gehabt hätte, wäre … gegangen c gekocht hätte, hätte … geschmeckt d gewesen wären, hätte … gefallen, e Hätten … diskutiert, hätten … verpasst

Cases (revision 2) (page 71)

1a

a Der b der c den d der, den e Den f Der, die

1b

a Der (*nominative subject, m. sing.*)
b der (*nominative subject, m. sing.*)
c den (*accusative direct object, m. sing.*)
d der (*nominative subject, m. sing.*), den (*accusative direct object, m. sing.*)
e Den (*accusative direct object, m. sing. – here at the beginning of the sentence, for emphasis*)
f Der (*nominative subject, m. sing.*), die (*accusative after* durch, *f. sing.*)

2a

a seinen *or* seinem, einen b seiner, eine, einen c meiner, das
d ihr, ihren e ihr, meine, sie f ihnen

2b

a seinen (*dative indirect object, pl.*) or seinem (*dative indirect object, m. sing.*), einen (*accusative direct object, m. sing.*)
b seiner (*dative indirect object, f. sing.*), eine, einen (*accusative direct object, f. and m. sing.*)
c meiner (*dative indirect object, f. sing.*), das (*accusative direct object, nt. sing.*)
d ihr (*dative after* mit, *f. sing.*), ihren (*accusative direct object, m. sing.*)
e ihr (*dative indirect object, f. sing.*), meine (*accusative direct object, plural*), sie (*accusative direct object, pl.*)
f ihnen (*dative for object of the verb* begegnen, *pl.*)

3

a den b der c einer d unserem e einen f den, einer g der h den i dem

4

a die b dem c der d einen e den

Conditional sentences with the imperfect and pluperfect subjunctive (page 72)

1

a gäbe b hätte c käme d wären e sähe

2

a ii, hätte, könnte b i, gäbe, bräuchten c iv, Hättest d v, wäre, hätte e iii, kämen, hätte

3

a hättest du gewonnen.
b wenn sie miteinander hätten reden/sprechen können.
c wenn ich zuerst/vorher das Buch gelesen hätte.
d hättest du den Test nicht noch einmal machen müssen.
e wenn er keinen Termin gehabt hätte.

Mixed practice (pages 73–76)

1

a Seit einem Jahr beteiligt sie sich aktiv bei Amnesty International. (*present*)

b Nachdem er eine Rede von Martin Luther King gehört hatte, begann er sich für Politik zu interessieren. (*pluperfect, imperfect*)

c Hast du dich bei dem Projekt angemeldet, das Flüchtlingskindern helfen wird? (*perfect, future*)

d Nein, noch nicht, aber ich werde mich heute noch anmelden. (*future*)

2

a scheinen b wollte schocken/schockieren c legt … Wert d ist, betrachteten e haben … gesagt f sahen g Werden … werden

3

a wird … gesunken sein b werden … entwickelt haben c wird … eingeführt haben d werden … geschlossen haben e wird … abgeschafft, geplant haben f wird … beigetreten sein

4

a der b die c einem rasenden … die d einer … die e den f den … der g dem h seiner älteren

5

a unserer b einen, seiner c einer, die d die e den f den, der g ihm, den h einen, deiner i die, der

6

a Den globalen Terrorismus halten viele Bürger für eine Bedrohung unserer westlichen Werte.

b Zwischen der EU und der Türkei scheinen sich die Auseinandersetzungen wieder zu verstärken.

c Die Bedeutung der diplomatischen Beziehungen zwischen den Ländern sollte keiner unterschätzen.

d Am Kampf gegen den Klimawandel sollten sich viel mehr Länder beteiligen.

7

a ii b i c i d ii e ii

8

a doch, eigentlich *or* denn b schon c mal d eben *or* doch

9

a darüber b darin c dahinter d darauf e dadurch f damit

10

a darum b darauf c Daraus d darauf e darüber

11

a hätten, iii b konzentriertest, vii c wäre, iv d interessierte, i e wüsste, vi f könnte, v g verkaufte, ii

12

a Wenn Helmut Kohl nicht Kanzler gewesen wäre, wäre es vielleicht nie zur Wiedervereinigung gekommen.

b Wenn Angela Merkel sich im Osten nicht politisch engagiert hätte, hätte Helmut Kohl ihr politisches Talent nicht entdeckt.

c Wenn die Ostdeutschen mehr Rechte gehabt hätten, hätten sie wahrscheinlich nicht demonstriert.

d Wäre Angela Merkel in Westdeutschland aufgewachsen, hätte sie das Leben in einem sozialistischen Land nie persönlich erfahren.

13

a Wäre ich doch nicht so spät ins Bett gegangen.

b Hätte ich doch mehr Wasser getrunken.

c Wäre ich doch nicht einkaufen gegangen.

d Hätte ich doch meinen Wecker gestellt.

Translation practice: German to English (pages 77–78)

1

a Out, now!

b That **is** right/true!

c Actually, why not?

d Give it to me!

e despite all efforts

f in our house/at home with us

g if it were up to me

h Who would have thought!

i will have survived

j how would it be if …

2

a We will have overcome the crisis.

b I would have laughed about it.

c Surely there is no Oktoberfest in Hamburg!

d If she stayed here, I would be pleased.

e Because she had finished her training, she was able to take/accept the job overseas.

3

How would the German population decide, if they had to vote on leaving the EU? According to a survey a clear majority in Germany would declare themselves in favour of staying. Apparently only 17 per cent of federal/German citizens would want to leave. Despite all the difficulties and crises within the EU, the Germans are predominantly EU-friendly. They trust that the EU has a future and can be reformed.

4

If/When you think about Germany as a holiday country/destination you probably imagine the Black Forest or the Bavarian Alps. Yet in Germany, too, you can find sun, beaches and the sea, namely in the north of the country. The Baltic Sea is known for its sandy beaches with the unique beach baskets, in which you can relax without getting sunburnt. The Baltic is a particularly popular holiday destination for families because of the mild climate.

5

Was the 'Wende' a peaceful revolution? If you take a closer look at how the events of that time developed in the former GDR, you actually have to answer the question with a 'yes'/in the affirmative. Yet how did it come to that? The Soviet Union took the first step when it allowed the countries of the Eastern bloc to open their borders to the West. The economy of the GDR was almost bankrupt. The situation of the population deteriorated still further/continued to deteriorate and many GDR citizens left the country. Those who stayed protested for more participation and freedom. As these protests could not be suppressed by the Stasi/East German secret police, this finally led, without any bloodshed, to the opening of the inner-German border and to the fall of the Wall.

Translation practice: English to German (pages 79–80)

1

a er hätte

b ich hätte … sollen

c es gäbe/würde … geben

d bis in einer Woche

e wir wären gereist

f er hätte gebaut

g es wird gewesen sein

h er zahlt/bezahlt

i Geh die Treppe hinauf!

j Komm herunter!

2

a Wenn du es mir doch nur gesagt hättest.

b Sie werden die Wohnungen bis Freitag renoviert haben.

c Hätte sie darüber nachgedacht, wäre sie nicht so überrascht gewesen.

d Nachdem wir den Flüchtlingen geholfen hatten, schrieben wir einen Artikel für die Lokalzeitung.

e Sie hofften alle auf eine bessere Zukunft.

3

Wer nach Deutschland reist, will wahrscheinlich Berlin, Köln oder Hamburg besuchen/Die, die nach Deutschland reisen, wollen wahrscheinlich Berlin, Köln oder Hamburg besuchen. Wo jedoch würde man gute Arbeitsplätze, wenig Kriminalität und bezahlbare Wohnungen finden? 69 Städte mit über 100 000 Einwohnern nahmen an einem neuen Städteranking teil. Es ging (dabei) um Lebensqualität und den Arbeitsmarkt sowie auch um die Auswahl an Wohnungen zu mieten oder zu kaufen. Die bayrische Hauptstadt München stand in allen Kategorien an der Spitze/an erster Stelle.

4

Was wird nach dem Brexit mit der EU passieren? Nur 27 Mitgliedsstaaten werden übrigbleiben. Wird sich die Integration innerhalb der Eurozone vertiefen oder wird es eine ernste Krise geben? Wenn noch mehr Länder sich entschließen/beschließen Großbritannien zu folgen, könnte das das Ende der EU überhaupt/insgesamt bedeuten? Einer der größten Erfolge der EU war es/ist es gewesen, den Frieden in Europa für mehr als 60 Jahre zu erhalten. Hoffentlich wird dies trotz der ungewissen Zukunft so bleiben/Hoffen wir, dass das trotz der unsicheren Zukunft so weitergehen wird.

5

Als vor mehr als 25 Jahren Ost- und Westdeutschland wiedervereinigt wurden, war die allgemeine Stimmung voller/geprägt von Optimismus. Wie Willy Brandt, der Vorgänger von Kanzler Helmut Kohl, sagte, „Was zusammen gehört, wird zusammen wachsen." Wie unterschiedlich jedoch ist das Leben im Osten heutzutage im Vergleich zum Leben im Westen? Trotz vieler Veränderungen gibt es immer noch Unterschiede. Zwei Staaten mit total verschiedenen/unterschiedlichen politischen und wirtschaftlichen Systemen zusammenzubringen, war sicherlich eine Leistung. Die neuen Bundesländer im Osten, wo die Löhne niedriger sind, sind ärmer als die alten Bundesländer. Eine positive Entwicklung ist, dass die Lebenserwartung seit der Wiedervereinigung stark (an)gestiegen ist.